教育方法50

パンデミック禍の学びと教育実践

学校の困難と変容を検討する

日本教育方法学会編

図書文化

まえがき

『教育方法』が50号を迎えた。創刊は1966年である。創刊号は，時代を反映して「教科内容・指導方法の現代化」が特集タイトルであった。当時の学会のそうそうたるメンバーが執筆に名を連ねている。本学会は，『教育方法学研究』という学会紀要を別に発行しているが，こちらは1975年が創刊である。だから学会紀要よりも『教育方法』の方が古く，しかもこちらは最初から市販本として刊行されてきた。創刊以来，学会のシンポジウムや課題研究あるいはその時期ごとに焦点となっているテーマを中心に編集を続けてきた。そのために，これに論文が掲載されることは，学会紀要とは違った意味の重みを持つという声も聞かれるものとなった。学会の社会的使命の一つである会員の研究を社会に届ける場となることを願って今回も企画・編集に取り組んだ。

そうして50号は，「パンデミック禍の学びと教育実践」をメインタイトルとして発行することとした。このタイトルとなったのは，2020年2月末からの感染症の拡大に伴う子どもと教育への影響を対象とした研究を学会として取り上げてきたことによる。49号では時間的に間に合わず，緊急的に各執筆者が部分的に取り上げることに留まったが，今号は事態を正面に据えた議論を行うこととした。もちろん，研究としては短期間に結論するわけにはいかず，今後のデータ収集に委ね，暫定的議論となることは避けられない場合もある。そこに慎重であることは，学会が編集する書籍のよさでもある。各執筆者の議論の運びにその部分を読み取って頂ければと思う。なお，今後もパンデミックと称される事態に遭遇することを念頭に，「コロナ禍」といった表現をタイトルには採用しなかった。

さらに注釈を付すと，現在の事態は原稿執筆時点で一年半足らずの出来事だが，子どもと学校の各方面に感染症の影響が及んだだけでなく，その短い期間内にも焦点となる問題に推移があった。そのために，子どもたちの学校内外での生活と学習が激変することになったが，まだそれらの全体像を掴むには至っていない。日常のコミュニケーションや学習の姿さえ変え，それらが子どもたちの発達に負の影響を与えていることが部分的に明らかになりつつあるところである。時間の流れと共に新たな様相がみえてくることであろう。学校関係者は，当初，感染症対策と感染症それ自体をどう教えるかといったことに大きな関心を寄せたが，途中からGIGAスクール構想の前倒しが政策的に打ち出され，ICT機器の導入が進むにつれて，これらをどのように捉え教育の今後をどう展望するかが相対的に大きな関心事となるといったことが発生している。今後も変わっていくと想定される。

そこで第Ⅰ部は，「COVID-19下の子どもと学びの変容」と題して，五つの論文で構成した。上森論文は，「近代的主体」として子どもを捉える枠組に代えて「当事者性」の観点から教育実践を捉え直すべきことを提起する。野中論文は，急速に進行するオンライン化に伴って生まれている課題を学校・教師・授業に分けて学びそのものの変容を視野に議論している。梅原論文は，アクティブ・ラーニング論から探究的学び論へ，さらに個別最適な学びと協働的学び論への変遷を取り上げ，そこに不整合や課題があることを指摘する。浅井論文は，感染症下でグループワークが抑制される中，学びの共同体における聞き合う関係の意味と可能性を論じる。福田論文は，学童保育の社会的位置とその実践をcommonの概念で生み変えていくプロセスとして位置づけることを提案する。

第Ⅱ部は「COVID-19下の教育課程と授業づくり」と題して五本の論文で構成した。柴田論文は，ICT化が進む中でAIに人の教えと学びが置き換わっていくと捉える見方を批判的に検討し，二つの関係の有り様を課題化する。大野論文は，理科教育における遠隔教育の実情を検討し，効率化と経費削減で捉えるのとは違った教具の位置づけを指摘する。草原論文は，世界の社会科教育の試みの中に「場」を共有せずに公共空間を成立させる可能性がICTによって可能となるのかを探り，そこに新たな示唆を展望しようとする。亘理論文は，感染症下かどうかにかかわらず，これまでがいかなるコミュニケーションの英語教育であったのかを問い，外国語を学ぶ意味の問い直しを提案する。渡辺論文は，実践を他人事として捉えない見方から，教育方法学者が教師教育に取り組むべきという見知を力説する。

教育方法学の各分野の研究情報を取り上げてきた第Ⅲ部では，今回，インクルーシブ教育を取り上げた。パンデミック禍のGIGAスクール構想において，インクルーシブ教育にも寄与するという議論が展開されているが，新井論文は実践動向を検討しつつ，ICTの利用の限界を指摘し，ICTを認知情報の提供手段と位置づけるのではなく，障害児者の想像力を広げる技術の一つと位置づけることを提案する。

各論文は，パンデミック禍の学びと教育実践が教具に振り回されるのではなく，これまでの理論と実践を問い返し，子どもの学びを豊かに保障する道を探究している。その方向を読者の方々と共々に歩みたいものである。

2021年8月

代表理事　子安　潤

目次　教育方法50

第Ⅲ部　教育方法学の研究動向

I

COVID-19 下の子どもと学びの変容

1　当事者を視点として考える生活現実と教育実践

2　学校教育のオンライン化による生活と学びの変容

3　３つの学び論の提唱が引き起こす波紋と混迷

4　コロナ下における学びの保障
—リスニング・ペダゴジーの観点から—

5　学童保育の現場から，子どもの生活保障を問う

1　当事者を視点として考える生活現実と教育実践

金沢大学　**上森さくら**

❶ 近代的主体への批判と Society5.0 社会での学校教育

（1）近代的主体への批判

当事者を視点として子どもの生活現実や教育実践を考えることは，主体を視点として考えることと何が異なるのか。この点を確認するために，まず主体形成について批判的に論じてきたフーコーやバトラーの主体形成論を紹介する。

フーコーは，権力を視点として環境が主体（サブジェクト）を形成する過程（＝服従（サブジェクト）する過程）を歴史的観点から明らかにしてきた。外部から直接的に抑圧する暴力としての権力の他，古代ギリシャや初期キリスト教が人々を導くために一人一人に目をかけ働きかけていた司牧権力，他者の目を内面化させることを意図した監獄や病院などの近代施設で観察された規律権力，欲望を作り出す権力，公衆衛生や治安の管理のために統計学を活用する生権力などが主体を形成してきたとし，暴力を除くいずれの権力も，自由な主体として選択した上で行動していると人に勘違いさせることを指摘してきた[1)]。

一方，フーコーを検討してきたバトラーは，主体とは社会的アクターに働きかけられた範疇での行為によって形成され続けるものであるという見方（＝パフォーマティビティ）に加え，ひそかに追放された認知されない存在があることについて言及し，不平等な規範によっては主体化（＝服従化）がそのような認知されない存在に依存していることを指摘してきた[2)]。

フーコーやバトラーの主体形成論を踏まえると，①行動の前に主体を想定することはできない，②主体を形成するのは既にある言説や権力などの社会的アクターとその影響下での選択的行為の継続であり，それは継続的な服従的行為ともいえる，③主体化される存在／主体化に抵抗する存在の二項論ではなく，ひそかに追放され認知されずにいる存在があり，不平等な言説へのアクセス権は認知されない存在への依存により成り立っている，と乱暴ながらもまとめることができよう。

このような主体化＝服従化となる世界で，フーコーやバトラーはどのような生の様式を提示しようとするのか。まず，フーコーは自身の同性愛者としての生き方を含めた性の問題を即自的に捉えるのではなく，追求したい関係性について構想し，その実現に向けて行為することを提示していた。

> 問題とすべきなのは，自分の性の真理を即自的に発見することではなく，むしろ多数的な関係に達するために，これから自分の性現象を用いることなのです。……（中略）……したがって，われわれは懸命に同性愛者になろうとすべきであって，自分は同性愛の人間であると執拗に認めようとすることはないのです[3]。

一方でバトラーは，平等に生の価値を認められない暴力的な世界に抵抗するために，近代的主体を前提とした個人主義を批判し，人々が暴力と非暴力の両義性をもった相互依存の中に生きていることを知り，別の世界を想像することを重要視すること，そして，その関係性を言説や制度に結び付くよう動いていくことを提示した。

> 私たちに必要なのは，現在の政治に慣れ親しんだ私たちの方向感覚を変容させる更新された知覚のあり方（ステート），あるいは別の想像界（イマジナリー）です。このような想像界（イマジナリー）は，攻撃性と悲しみとがただちに暴力へと変形せず，また私たちが決して自ら選択したわけではない社会的な絆がもたらす困難と敵意とを生き延びることができるような，そうした倫理的かつ政治的な生の道を私たちが発見する手助けになるでしょう[4]。

フーコーやバトラーが提示する生の様式は，関係性に着目し，現在とは異なる関係性の実現と社会制度等での定着を構想し追求することといえるだろう。

(2) 主体化を迫り，自己責任論を強化する Society5.0 社会

日本の学校では，21世紀に入ってから，学習状況調査やQUによるデータ収集，

ゼロ・トレランスに基づいた懲戒処分，スタンダードによる指導の一律化，給与に反映する人事評価の導入が広まっており，この状況は生権力が発動している状態として理解される。「Society 5.0に向けた人材育成 ～社会が変わる，学びが変わる～」（Society 5.0に向けた人材育成に係る大臣懇談会，2018年6月5日）では，たとえば高等学校時代に「生徒一人一人が，Society 5.0における自らの将来の姿を考え，そしてその姿を実現するために必要な学びが能動的にできる場へと転換すること」を示しつつ，それまでの学校教育段階でスタディ・ログの蓄積・把握・分析に応じた個々人に最適な学習プログラムの提供が推奨されている。先述の通り，フーコーによると，権力は人に主体化を迫るだけでなく，行動を自由に選択する主体であると勘違いさせる。これに基づくと，生権力の強化の下で子どもたちを自由な選択主体であるように錯覚させながら近代的主体化を成すように迫っていると解釈できる。なお，この錯覚は自己責任論を強化する土壌になっていることにも注意が必要であろう。

加えて，ビッグデータを活用しながら生活することについて，鈴木は，人々が記憶から自己物語をつくりながら生きていくよりも，行動履歴を分析した結果の未来や行動指針の方が確かなものであると考える宿命決定論を導くと懸念を示している[5)]。つまり，学校でのスタディ・ログを活用した指導は，子どもの宿命決定論的な人生観の形成を後押しする危険性を孕んでいるといえる。なお，鈴木は宿命決定論に対抗するためには，固定された極少人数で構成されたセカイの外側にある関係性とつながることが必要であると指摘している。

以上を踏まえると，子どもの生活現実や教育実践について考える際には，個別化したデータを基に成長の道筋を示すことで子ども自身に自己最適な未来を考えさせようとするのではなく，現在とは異なる関係性の実現と社会制度などでの定着を構想する観点から，子どもを取りまく多数の関係性との相互作用の意味を見出す営みが必要とされている。

❷ 視点としての当事者概念

本稿では，近代的主体に替えて，子どもの生活現実や教育実践の中に新たな関係性や社会を構想する生の様式の芽生えや育ちについて新たな知見を得るために，社会福祉学の分野を中心に検討されてきた当事者概念を視点として採用してみたい。そのため，以下では，当事者主権と当事者研究での当事者概念からその定義を検討する。

当事者主権とは，それまで社会福祉学で主に使われていた当事者主体概念と区別するためにつくられた言葉である。上野によると，それまでの当事者主体概念は，主体として定められた人々を同等の能力を保持・行使できるものとみなし，社会的弱者がおかれている不公平な状況は考慮していなかった[6)]。この点をふまえて，中西・上野により提示された当事者概念とは次のようなものであった。

> 私の現在の状態を，こうあってほしい状態に対する不足ととらえて，そうではない新しい現実をつくりだそうとする構想力を持ったときに，はじめて自分のニーズとは何かがわかり，人は当事者になる。ニーズはあるのではなく，つくられる。ニーズをつくるというのは，もう一つの社会を構想することである[7)]

この定義を提示して後，上野は一貫して「当事者になる」ことを重要視してきた。「当事者になる」とは，潜在化していたニーズが他者との関係性の中で顕在化するようになり，新しい社会の姿を自己のニーズとする決定である[8)]。そして，上野は後の著作で当事者を次のように定義し直す。

> 当事者とは第一次的なニーズの帰属する主体である。
>
> この定義には，(1) ニーズの帰属先であることと，(2) それに対する主体化の契機の二点が含まれている。したがって当事者とは，たんに客観的にニーズの判定をされるような「問題を抱えた個人」であるだけでなく，「ニーズを顕在化させた個人」であることになる。「ニーズの帰属先」であるだけなら，それは特定の社会的属性を示すにすぎないが，その「位置 position」

に対して能動的な「同一化 idetification」をはたしたときに，個人は「当事者」となる。『当事者主権』の中で，「当事者である」ことと，「当事者になる」こととは違う，と言ってきたのはこのことを指す[9]。

この定義では，まず，「第一次的なニーズの帰属する主体」であることが強調される。これは当事者とされる対象が際限なく増えることを防ぐことを目的にしたものである。そのため，裏を返せば，この定義では支援者や抑圧者等に位置付けられている者による社会変革へのニーズや参加について論じることは難しくなっている。

さらに，上野は「ニーズの帰属先であること」よりも「ニーズの帰属先になる」ことを重要視していたにもかかわらず，「その『位置 position』に対して能動的な『同一化 identification』をはたしたときに」と端的に説明したことで，自らが批判していた当事者主体概念と同じように，自己決定をせまる権力批判の視点を弱めてしまった。

一方で，当事者研究を対象とした論考では，ニーズが顕在化するまでの過程がより焦点化されている。たとえば河野は当事者主権概念と対比的に当事者研究を以下のように示す。

当事者主権における自己決定の宣言の手前あるいは以前の段階で，当事者研究は，自己の状態が何であるかの規定と，自分の問題をどの観点から対処するかの規定を行う活動である[10]

つまり，疎外，抵抗，迷い等の言葉にできない状態で惑うところから，それぞれのニーズを探る活動が当事者研究である。当事者研究の記録やそれを対象とした研究では，当事者研究活動には他者を必要とすることが必ず強調されるが，國分・熊谷は，複数の関係性がそれぞれ異なる意味を持って当事者の自己規定と問題規定に影響を与えていることについてさらなる探究が必要であるという見解を示している[11]。

以上を踏まえ本稿では，当事者を視点として考えることを当事者主権的側面と当事者研究的側面を併せ，次のように定義する。すなわち当事者とは，他者との関係性を媒介として周縁に置かれた（もしくは疎外された）状態で固定されている自身に惑い，自身のニーズを見出すために新しい関係性や社会を探る者である。このように当事者を定義することによって，①「当事者になる」という自己決定以前の周囲との関係性，②「当事者になる」／「当事者になることをやめる」という自己決定の両側面，③自己決定の契機をもたらす関係性などに焦点が当たるものと期待する。

❸ 当事者を視点とした実践考察の試論―金森俊朗の教育実践を例として

金森俊朗は「いのちの授業」で有名な実践家であったが，「つながり合ってハッピーに生きる」を教育実践のモットーとしていたことが示す通り，子どもを取りまく関係性に着目し，現在とは異なる新たな関係性や社会制度を構想し追求する教育実践を展開していた。実践記録等では，子ども同士や周囲の大人との関係性の変化や，別時代・別社会から社会構想のヒントを得るための各教科での教材研究が記録されている。この点から，自己決定と関係性に着目させるために視点を当事者とした本試論に適当であると考えた。以下，「いのちを考える授業」と「生きる絆を育てたい」の2つの実践を取り上げる。

(1) いのちを考える授業（2001～2002年度：金沢市立南小立野小学校3～4年担任時）[12]

ここでは，金森の2年間の実践の中で，幼いころ父を亡くした光芙由がそれを告白するまでの経緯と，光芙由の告白に応答できるようになるまでの周囲の子どもたちの経緯について検討する。これらの経緯は以下の通りである。

> 光芙由は，幼い頃に父親を亡くしたことを2年生時に親しい友人に話したところ，友人から同情されてしまったため，「もう友達には絶対言わない」と強く決心していることを3年時に担任となった金森に語っていた。ところが進級時に，光芙由は3年生の間に父親の死について言おうとしたけれども言えなかったことを金森に打ち明けた。
>
> クラス替えなく4年に進級し，4月26日，連が祖母を亡くしたことを手

紙ノートに書いて発表した。応答者として指名された大樹は泣きながら祖父を亡くした経験を語った。礼奈も泣きながら祖父の死を語った。誰も慰めを口にしないまま，10人目に（金森にとっては予想外にも）光芙由が自身の父親が実は幼い頃に亡くなっていて当時とても悲しかったことを泣きながら語り始めた。

2年時に光芙由は父親の死を語った時，その友人から「ごめんね」と謝られ，その後もクラスで父親の話が出るたびに「光芙由にはお父さんがいないんだからそんな話はしちゃだめ」と言われるようになって，「もう友達には絶対言わない」と強く決心した。3年時にこの心情が軟化したのは，何十匹の蝶の幼虫の死，性教育，家族の命の危機調べといった学びに基づいた感情・意見の交流の積み重ねで，周囲の子どもたちの死に対する認識が「人間にとっても死は遠いものではない」と変化していく様子を目の当たりにしていたためだろう。「(自分の父親が亡くなった事について）言おう，言おうと思ったけれども言えなかった」という金森への告白には，父親の死を疎外して築いてきた友人との関係性から，その経験を共有した関係性に変更したいというニーズと，一方で自身の悲しさを受け止められない関係性を突きつけられる可能性に対する不安の間で揺れる光芙由が表現されている。この揺れは，周囲の子どもたちとの関係性は不変の固定化したものではなく，自らの行動で変化させられる可能性のあるものと光芙由が捉えていたことを示している。つまり，光芙由が学級において新たな関係性を模索する当事者となっていたことを示している。

4年時に，光芙由が父親の死とそれについての思いを学級で話そうと決意したのは，大樹に対する9人の応答によって決定されたものである。光芙由にとって，この告白は大樹の応答という意味だけでなく，それまでの自身が欲していた応答と新しい関係性の獲得に向けて踏み出したものであったと考えられる。

光芙由の突然の告白後，その場で光芙由に具体的に言葉を返せた子はおらず，光芙由は数日後には「半分後悔している」と金森に打ち明けた。

2学期に入り，光芙由は当時取材に入っていたNHKディレクターに「クラスの子が信用できない」と父親の植えたドングリの樹を紹介しながら話し始めた。「かわいそう」と言われ，自分だけ特別扱いを受けると感じていたためだった。手紙ノートを書いたとしても，応答の言葉は「光芙由さんはつらいと思いました」となるだけだと予想し，「だから書けない，信用できない，みんなが」と語った。

9月11日，光芙由は母が風邪をひいたこと，そのような時のために母から料理を教えられていることを手紙ノートに書き，「みんなは料理をしたことがありますか？またどんな料理を作れますか？」と問いかける。作ることのできる料理の紹介やお手伝いをしていることが主な応答となる中，金森は母親が病気の時は光芙由が親の家庭内役割を引き受けており，「ただのお手伝いとはわけが違うと言うてやれ，光芙由！」と発破をかけた。

10日後，光芙由は手紙ノートでイラストレーターだった父親を紹介し，「みんなのお母さんお父さんはどんな仕事をしていますか？またどんなことをするのが好きですか？」と問いかけた。それに対し知香が，光芙由が手紙ノートで家族にこだわる理由を尋ねた。それについて，光芙由は「私はお父さんがいないので，みんなにもそのことがわかるかなと思って書いています」と答えた。金森の「おまえら，この手紙ノート聞いて，なんも出んの？」という言葉から，父親の絵を見せてほしいという要望があり，翌日，光芙由は父の絵を持ってきて紹介し，笑顔で質問に応答した。

やがて，学級では国語科で「一つの花」という戦争を題材にした教材の学習に入った。教材終盤で，改めて子どもたちはそれぞれにとっての身近な人の死について語っていたときに，光芙由は「一つの花」は嫌いだったけれども，父親がいない悲しさを少しわかってもらえたので嫌いな気持ちが半分になったと語った。続けて，浩介が，主人公が10年後に母親と笑顔で暮らしていたのは父親が何かを残してくれたからだと述べた。金森はこの意見を引き取り，亡くなった祖父母からもらったものをはっきりとさせるように子どもたちに求める。そうすると学級の子どもたちは，「光芙由は何をもらったんや」と問いかけた。この問いによって，光芙由は絵の他にもドングリの樹も父親からもらったと嬉しそうに語った。

光芙由が父の死を語った時，学級で応答できたものはいなかった。金森は10歳で光芙由の経験が受け止められないのは当然であり，「かわいそう」というような安易な同情の言葉がなかっただけ安堵したという心境を後に語っている[13)]。

金森は生活綴方の影響から，毎日3人当番制の手紙ノートの発表とそれへの応答を学級で続けていた。発表を集中して聞き応答することは，金森が学級の子どもたちに強く求めるものであり，それが守られない場合は，時として強い叱責とも受け取れる指導を行っていた。本実践では発表者が事前に2人の応答者を指名し，その後，クラス全体に応答を求めるという形式が取られていた。また，子ども同士の共感を大切にしていた金森は，子どもが辛い経験を手紙ノートや授業中に告白した時には，同じような経験を持っている子はいないか呼びかけ共有しあう指導も行っていた。

光芙由が父の死を告白した時期は担任2年目の時期であり，発表に対し共感しつつ応答することは学級の文化としてかなり定着していた時期であったはずである。これらの語りの積み重ねを，金森の指導による子どもたちの主体化とする解釈可能性もあろう。しかしながら，この場面では，それまでの慣例と異なり子どもたちは応答できなかった。すなわち，光芙由と新しい関係性をつくるにあたってふさわしい語りを探し出せなかった自身を発見することになった。ふさわしい語りを見出せなかった結果の沈黙はそれまでの文化からの一時の逸脱である。だからこそ，学級の子どもたちは金森の指導から独立し，光芙由に対する応答責任とそれを学級文化として定着させる当事者となっていたことを示している。

「一つの花」の学習では，出兵し帰ってこなかった主人公の父親について，子どもたち自身の身近な人の死と重ねた語りが続いていく。この語りの連続に対しても，金森の指導による子どもたちの主体化とする解釈可能性は残されている。しかし，学級の子どもたちからの「光芙由は何をもらったのか」という問いは，自身の経験に即して考えるよう求めた金森の指導からわずかに逸れるものである。自身の経験よりも光芙由の意見を求めたこの場面は，金森の指導から独立して当事者として光芙由や「一つの花」との関係性を構築しようとした場面と捉えることができる。

(2) 生きる絆を育てたい（2000 年度：南小立野小学校４年担任時）[14)]

この金森の実践では，特に4年生2学期の国語科「手と心で読む—伝え合う心」の学習で実施された潤潟をゲスト講師として招いた授業後の子どもの感想について検討する。

> この学級は3年生からの持ち上がり学級であった。3年時の実践記録では，アトピー性皮膚炎に対する周囲からの暴言により，F子が苦しみを金森以外に打ち明けられないこと，女子同士では仲よくみえて小さないじめがくすぶっていることが記されている。4年生に進級後，本単元に入る前に，F子が親に姉と比較されたことや公園で見知らぬ人に耳元で暴言を言われることがアトピーのためかと苦しい気持ちを打ち明ける手紙ノートを書いてきた。応答の時間の後，金森は改めてF子への応答の手紙を子どもたちに求め，学級でそれぞれの悲しみや苦しみの経験が共有された。
>
> この単元の学習では，教科書の読解だけでなく，点字を打っていた経験のある保護者からの聞き取り，その点字作成器具の持ち込み，ゲスト講師として県内の視覚障害センターから紹介された潤潟の招聘，子どもが登下校時に声を掛けられていた視覚障害者の松井への自主インタビュー活動などが展開された。
>
> 金森は教室に招く視覚障害者の紹介を依頼するときに，視覚障害者として出産・育児経験のある女性で，生き方の全てを語れることを条件として提示した。この条件は，金森の実践テーマである「いのちの教育」との連続性と，障害者であることと女性であることとの二重の被差別経験を生き抜く強さを学ぶためであった。

金森は潤潟をゲスト講師とした授業が終わった後に子どもに感想を書かせている。子どもの感想には，潤潟の育児の苦労，驚き，工夫への感想だけでなく，潤潟が親・友人と離れて盲学校で寄宿舎生活を送っていた寂しさ，小学校時代にランドセルを背負って地元の小学校に通えず悔しかったこと，保育士・幼稚園教諭の夢を視覚障害のためにあきらめなければならなかったことに言及したものが多かった。その中でHは，「なんだか，ぼくたちだけがとくをしているように思えました。」という感想を書き，これに対し金森は，「潤潟さんは充分がんばってきたし，これからもがんばるだろう，がんばらなければならないのは私たちではないか」とコメントをつけた。その後の授業では，子どもたちは社会に訴えたいことについて手紙を書いている。たとえば，「盲導犬はペットじゃない――店，施設の人たちへ」，「健常者も――障害者も安全に歩ける歩道に。――道路・歩道を作る人へ」といったタイトルで約600字の手紙が書かれていた。

Hによる「なんだか，ぼくたちだけがとくをしているように思えました」という学級への意見表明は，現在の社会への違和感を表明するものであり，そこから脱したいと当事者としてニーズを提示したものである。この気づきと意見表明は公正な社会，インクルーシブな社会の実現に重要である。そのような社会の実現には，社会的弱者が当事者として運動するばかりでなく，その第一次的ニーズから遠い人々も自身が社会制度を変えていく当事者になれるのだという気づきが求められるからである。

社会的弱者の第一次的ニーズから遠い人々，すなわち現在の社会において特権を保持するとみなされる人々も当事者になれることを認めるのであれば，その人々は何の周縁に置かれた（もしくは何から疎外された）状態であるかを考える必要があるだろう。グッドマンは，制度的不平等によって特権集団が支払うことになっている代償を整理している[15]が，それに倣って考えてみると，「ぼくたちだけがとくをしている」ことに気づかず過ごすことは，社会制度の成り立ちについて無知の状態に置かれ，誰もが幸福追求できる公正な社会制作への参加から疎外されている状態であるといえる。

では，本実践で公正な社会制作についての当事者になることを支えた関係性とはどのようなものだったであろうか。金森によって記録されているこの学級の転換点の一つは，F子による苦しみと悲しみの開示から，学級の子どもたちもそれぞれの家族や友人関係の中にある苦しみや悲しみの経験を開示し応答しあったことにある。F子にとって，これまで打ち明けてこなかった思いを打ち明けようと思える関係性があり，またF子の告白を契機として学級での相互受容の関係性を経験していた。

本単元で子どもたちは2人の視覚障害者と出会った。1人は子どもの登下校時に話しかけてきた松井である。金森に促されて，子どもたちは松井を探し出し，さらに休日にメンバーを募って松井宅を訪問し，自主インタビュー活動を行った。もう1人は金森が教室に招いた潤潟である。潤潟は笑顔で教室に入り，自身の子育てや保育士になりたかった昔の夢について語った。松井と潤潟が子どもという存在を愛し大切にする存在であることを子どもたちは言外のメッセージとして受け取っていただろう。つまり，子どもたちは松井や潤潟に既に受容されており，そのことが子どもたちに潤潟の悲しみや怒りを受容させた。そして，Hが自身の経験や予想される未来と潤潟の夢を諦めざるをえなかった経験を比較して社会の不公平に気づく契機となった。その気づきを学級で共有するための意見表明，つまり当事者として新しい社会を構想する意見表明を後押ししたのは，手紙ノートの応答を中心として得られた苦しみや悲しみについて共有できる関係性の経験であったと考える。さらにHの意見表明に対し，金森が「がんばらなければならないのは私たちではないか」と応答したことで，公平な社会について当事者として構想する同志としてのHと金森の新たな関係性が学級通信で示された。ここで示された関係性はHへの同意としての働きだけでなく，他の子どもたちの当事者になろうとする決定を支援する働きを持っていただろうと考える。

つまり，①過去に悲しみを相互受容しあった子ども同士の関係性，②視覚障害者と相互受容しあう関係性，③Hと金森の社会変革の同志としての関係性が，学級で子どもたちに公正でインクルーシブな社会を考える「当事者になる」契機をもたらしえたと整理できる。

(3) 生活現実において当事者になる教育実践のポイント

最後に，ここまでの教育実践の検討から，子どもが生活現実において当事者になる教育実践のポイントについて述べる。

第一に，周縁化されてしまった子どもの苦しみに気づくことができるように，どんな声でも聴きとられるという信頼関係を教師―子ども間で醸成していく必要がある。それは，社会的弱者に位置づけられた子どものニーズを顕在化させる支援となる。第二に，子ども同士でも悲しみや苦しみを相互受容する関係性を経験する契機を逃さないようにすることである。それは，不公正な社会に適応している（あるいは特権を保持している）子どもたちの公正な社会へのニーズを刺激する土壌となる。第三に，周縁化されてしまった子どもが語り出すことの支えとなる関係性との出会いを教科教育における教材研究の柱の一つにすることである。第四に，子どもの沈黙や問い返しを現存の文化や教師に対する不服従と捉えるのではなく，語ることのできる関係性と言葉を模索している当事者としての行動として観ることが必要とされる。第五に，子どもたちが互いの変化を共有する仕掛けをつくることは必須であろう。

本稿では，試論的に当事者を近代的主体とは異なるものとして定義し教育実践の検討を行ったが，教育方法学における当事者概念の活用は，公正な社会やインクルーシブな社会実現に向けての教育実践研究での新たな知見の蓄積に寄与するものであると考える。ただし，「当事者になる」自己決定の契機を捉えることは本試論では困難であったといわざるをえない。本稿では，当人の決断の揺れや教師の指導からの逸脱を「当事者になる」という自己決定がなされているものとして解釈したが，その発端がどこにあったのかは判然としなかったということが本試論の限界を示している。これは過去の映像および文字による実践記録を用いたためである。同様に，「当事者であることをやめる」という自己決定があったのかどうかも本稿で提示することは困難であった。とはいえ，たとえば，教師の指導に積極的に応答している時間は，当事者になることを自己決定しているのか，それとも権力に主体化されているのか，ということを解釈することは，その時の当人に尋ねることで解決できるものであるとも考えられない。よって，子どもが生活現実において当事者になる教育実践を発展させていくためには，本稿で示した沈黙や問い返しといった手がかりの発見のように関係性の変化を捕捉する研究手法の深化させていくことと，関係性が変化していく意味を多様性に開かれた集団で検討できるよう実践家を中心とした研究共同体を構築していくことが必要であろう。

注

1）ミシェル・フーコー著，田村俶訳（2020）『監獄の誕生―監視と処罰』新潮社，（Fourcault, Michel, 1975, Surveiller et Punir: Maissance de la Prison, Gallimard）；ミシェル・フーコー著，渡辺守章訳（1976）『性の歴史Ⅰ　知への意思』新潮社，（Fourcault, Michel, 1976, Historiè de la Sexualitè 1 – La Volontè de Savoir, Gallimard）；ミシェル・フーコー著，渥海和久訳（1984）「主体と権力」『思想』（718），pp.235-249（Fourcault, Michel, 1982, “The Subject and Power”, Dreyfus, H. L./ Rainbow, P. eds., Michel Fourcault: Beyond Structuralism Hermeneutics, The University of Chicago）など。

2）ジュディス・バトラー著，竹村和子訳（1999）『ジェンダー・トラブル―フェミニズムとアイデンティティの攪乱』青土社，（Butler, Judith, 1990, Gender Trouble: Feminism and the Subversion of Identity, Routledge）；ジュディス・バトラー著，杉浦悦子訳（1996）「模倣とジェンダーへの抵抗」『imago』7（6），pp.116-135（Butler, Judith,［1991］1993, “Imitation and Gender Insubordination”, Abelobe, Henry / Barale, Michele A./Harperin, David M. eds., The Lesbian and Gay Studies Readers, Routledge）；ジュディス・バトラー著，佐藤嘉幸・清水知子訳（2019）『権力の心的な生』，（Butler, Judith, 1997, The Psychic Life of Power: Theories in Subjection, Stanford University Press）；ジュディス・バトラー著，坂本邦暢訳（2019）「この生，この理論」『現代思想』47（3），pp.8-26，など。

3）ミシェル・フーコー著，増田一夫訳（2001）「生の様式としての友愛について」，小林康夫・石田英敬・松浦寿輝編『（日本語版）ミシェル・フーコー思考集成Ⅷ』筑摩書房，pp.371-377（Fourcault, Michel, 1981, “De l'amitié comme mode de vie”, Gai Pied,（25），pp.38-39）。

4）ジュディス・バトラー著，本荘至訳（2019）「非暴力，哀悼可能性，個人主義批判」『現代思想』47（3），pp.27-46。

5）鈴木謙介（2007）『ウェブ社会の思想―〈偏在する私〉をどう生きるか』日本放送出版協会。

6）上野千鶴子（2011）『ケアの社会学―当事者主権の福祉社会へ』太田出版。
7）中西正司・上野千鶴子（2003）『当事者主権』岩波新書，p.3。
8）同上書。
9）上野千鶴子，上掲書，p.79。
10）河野哲也（2014）「対話による人間の回復：当事者研究と哲学対話」『立教大学社会福祉研究所紀要』33 号，pp.3-12。
11）國分功一郎・熊谷晋一郎（2020）『＜責任＞の生成―中動態と当事者研究』新曜社。
12）NHK スペシャル「こども・輝けいのち　涙と笑いのハッピークラス～4 年 1 組命の授業～」（2003 年 5 月 11 日放映）。日本放送出版協会（2003）NHK「こども」プロジェクト『4 年 1 組命の授業―金森学級の 35 人』。村井淳志（2004）「いのちを考える授業―ニワトリを殺して食べる」村井淳志他『いのちって何だろう』コモンズ，pp.9-54。ただし，実践の一部について異なる経緯が記録されていた。本稿では，異なる経緯が記録されている場面については，記録の詳細さから確かだと考えられる部分を検討対象とした。
13）村井淳志（2004）「いのちを考える授業―ニワトリを殺して食べる」，同上。
14）NHK 北陸スペシャル「生きる絆を育てたい～金森先生と 38 人の子どもたち～」（2000 年 11 月 24 日放映）。金森俊朗（2000）「友・障害者とつないで自分をつくる」（2000 年日本生活教育連盟石川サークル　石川冬の集会発表レポート，私家版）。
15）ダイアン・J・グッドマン（2017）『真のダイバーシティをめざして：特権に無自覚なマジョリティのための社会的公正教育』ぎょうせい。（Diane J. Goodman（2011）. Promoting Diversity and Social Justice 2nd edition. Routledge.）

2　学校教育のオンライン化による生活と学びの変容

横浜国立大学　**野中　陽一**

❶ 学校教育のオンライン化の状況

新型コロナウイルス感染症の影響で，2020年3月から全国一斉休校となったが，「新型コロナウイルス感染症の影響を踏まえた公立学校における学習指導等に関する状況について」（文部科学省，2020a）によると，2020年6月23日時点で学校が課した家庭における学習の内容について，「同時双方向型オンライン指導」を実施したと回答した自治体（設置者）は15%（小学校を所管する教育委員会は8%，中学校は10%，高等学校は47%）にとどまった。オンデマンド型教材の活用も「教育委員会が独自に作成した学習動画を活用した家庭学習」が26%,「上記以外のデジタル教科書やデジタル教材を活用した家庭学習」が40%に留まり，日本の学校教育のオンライン化は進んでいないことが明らかとなった。

2020年8月～9月に世界11ヵ国において実施された，子どもと保護者を対象にした，学習に関する「意識調査」，および基礎学力を測る「学力調査」によれば（スプリックス基礎学力研究所，2020),「コロナ禍において日本の学校での対応は8割以上が「紙教材による宿題の提示」で，11か国中最多」「「オンライン授業」実施は11カ国中最下位」「約9割の日本の子どもの家庭学習方法は「紙と鉛筆」で11か国中1位に」といった結果が示され，世界と比較しても，授業のオンライン化の遅れが明らかになっている。また，GIGAスクール構想による端末整備が進んだ段階においても，2021年4月の緊急事態宣言の期間中，大阪市立の小中学校では，自宅でのオンライン授業と学校での授業を組み合わせて実施することになった。

❷ オンライン教育に対する子ども，保護者の反応

(1) 子どもたちの反応

オンライン授業にいち早く取り組んだ熊本市では，教職員（小学校3～6年生担任および専科担当者（947人），中学校オンライン授業担当者（803人）），子ども（小学校3～6年生（19,016人），中学校1～3年生（15,172人）），保護者（小学校3年生～中学校3年生保護者（20,530人））を対象に「オンライン授業事後アンケート」が実施された（熊本市教育センター，2020）。

この調査の中で，子どもたちに「オンライン授業でよかったこと，もっとこうしてほしいと思うこと（特にそう思うこと3つ）」を尋ねている。小学生では，「オンラインで友だちと会うことができた。」「自分のペースで学習できた。」「集中して取り組むことができた。」が上位に並んだ。中学生でも，小学生と概ね同じ結果となったが，上記3つに加え，「生活リズムがくずれなかった。」「学習に取り組む内容が多くて大変だった。」といった回答も多くなっている。

教職員の回答は，概ね子どもたちの回答と一致するが（オンライン授業の成果と課題（特にそう思うこと3つ）について子ども，保護者とほぼ同じ項目で実施されている），「家庭のICT機器を使ったので，操作できないことがあった。」という回答が特に中学校で多くなっている。子どもたち・保護者の回答では少ないが，オンライン授業に関わる家庭のICT環境の整備には課題があると考えられる。

(2) 保護者の反応

続いて保護者の反応をみてみると，「オンラインで友だちと会うことができた。」「生活リズムがくずれなかった。」「自分のペースで学習できた。」というプラス面が上位に多くあがったが，同時に「オンライン授業の機会が少なかった」「質問がしにくかった」という課題も多く挙げられている。

オンライン授業に関する保護者の関心は高く，様々な調査結果が報告されているが，特筆されることの一つは，例えば「23区公立小ICT進捗状況★草の根ウォッチ」（ぱぱままSTARTUP，2020）のように，保護者自身がオンライン授

業の実施状況を調査し，その結果を公表していることである。東京都各区のオンライン授業の実施状況が，利用しているツールも含めて細かく調査され，「同期型，非同期型が網羅的に整備されているのは東京23区のうち5区のみである」といった具体的な調査結果（2020年6月17日時点）も示されている。家庭における子どもたちの学びを保護者が目の当たりにすることで，オンライン授業の方法や内容にも関心が高まったのである。

ボストンコンサルティング（2020）による「ICT化が進んだ場合でも残って欲しい学校活動」に関する調査結果をみると，学校行事や部活動等の課外活動に加え，「基礎教科の講義型授業」の継続を保護者は望んでいることがわかった。先のスプリックス基礎学力研究所（2020）の調査においても，「日本の保護者が，パソコンやタブレットのソフト・アプリで勉強すべきと考える割合は3割未満」であった。このことから，GIGAスクール構想が進み，デジタル化に向けた取り組みが推進される一方で，保護者の意識との乖離があることも伺える。

❸ 求められる子どもの学び

（1）基盤となる資質能力としての情報活用能力

新型コロナウィルス感染症の影響もあり，GIGAスクール構想による情報環境整備は，5年計画が前倒しとなり，2020年度中に整備が行われることになった。さらに「Society5.0」「予測困難な時代」「社会全体のデジタル化・オンライン化，DX加速の必要性」といった社会背景により，中央教育審議会（2021）が「令和の日本型学校教育」を答申し，「一人一人の児童生徒が，自分のよさや可能性を認識するとともに，あらゆる他者を価値のある存在として尊重し，多様な人々と協働しながら様々な社会的変化を乗り越え，豊かな人生を切り拓き，持続可能な社会の創り手となることができるようにすることが必要」であると述べた。そして学習指導要領の着実な実施と，基盤としてのICTの活用が求められることになった。

学習指導要領改訂においても，基盤となる資質能力に情報活用能力が位置付けられた。学習指導要領解説総則編には以下の記述がある。

「情報活用能力をより具体的に捉えれば，学習活動において必要に応じてコンピュータ等の情報手段を適切に用いて情報を得たり，情報を整理・比較したり，得られた情報を分かりやすく発信・伝達したり，必要に応じて保存・共有したりといったことができる力であり，さらに，このような学習活動を遂行する上で必要となる情報手段の基本的な操作の習得や，プログラミング的思考，情報モラル，情報セキュリティ，統計等に関する資質・能力等も含むものである。こうした情報活用能力は，各教科等の学びを支える基盤であり，これを確実に育んでいくためには，各教科等の特質に応じて適切な学習場面で育成を図ることが重要であるとともに，そうして育まれた情報活用能力を発揮させることにより，各教科等における主体的・対話的で深い学びへとつながっていくことが一層期待されるものである。」

教育のオンライン化を進める上で，子どもたちはオンライン授業に参加したり，学校等が提供するオンライン教材へアクセスしたりする基本的な操作の習得が不可欠となる。また，インターネット上でのコミュニケーションに不可欠な情報モラルや，個人情報，アカウント管理などの情報セキュリティに関する知識や能力に加え，情報の信憑性や確証バイアスに留意することも求められることになる。これまで以上に広い意味をもった情報活用能力が学びに不可欠な基盤となる資質能力として位置づけられる。

(2) 自立した学習者として学び続ける力

中央教育審議会（2021）による「令和の日本型学校教育」には，以下のような指摘がある。

「新型コロナウイルス感染症の感染拡大による臨時休業の長期化により，多様な子ども一人一人が自立した学習者として学び続けていけるようになっているか，という点が改めて焦点化されたところであり，これからの学校教育においては，子どもがICTも活用しながら自ら学習を調整しながら学んでいくことができるよう，「個に応じた指導」を充実することが必要である」

上記の「個に応じた指導」について，同資料では，「全ての子どもに基礎的・

基本的な知識・技能を確実に習得させ，思考力・判断力・表現力等や，自ら学習を調整しながら粘り強く学習に取り組む態度等を育成するためには，教師が支援の必要な子どもにより重点的な指導を行うことなどで効果的な指導を実現することや，子ども一人一人の特性や学習進度，学習到達度等に応じ，指導方法・教材や学習時間等の柔軟な提供・設定を行うことなどの「指導の個別化」が必要である」と同時に，「基礎的・基本的な知識・技能等や，言語能力，情報活用能力，問題発見・解決能力等の学習の基盤となる資質・能力等を土台として，幼児期からの様々な場を通じての体験活動から得た子どもの興味・関心・キャリア形成の方向性等に応じ，探究において課題の設定，情報の収集，整理・分析，まとめ・表現を行う等，教師が子ども一人一人に応じた学習活動や学習課題に取り組む機会を提供することで，子ども自身が学習が最適となるよう調整する「学習の個性化」も必要である。」と記述されている。

さらに，「指導の個別化」と「学習の個性化」を教師視点から整理した概念が「個に応じた指導」であり，学習者視点から整理した概念が「個別最適な学び」であるとまとめられている。様々な「個別最適な学び」を積み重ねていく中で，子どもたちは自らの学びが調整できるようになるのであろう。

この実現のために，「ICTの活用により，学習履歴（スタディ・ログ）や生徒指導上のデータ，健康診断情報等を蓄積・分析・利活用すること」や，「子どもがICTを日常的に活用することにより，自ら見通しを立てたり，学習の状況を把握し，新たな学習方法を見いだしたり，自ら学び直しや発展的な学習を行いやすくなったりする」ことが求められている。また，「さらに，「個別最適な学び」が「孤立した学び」に陥らないよう，これまでも「「日本型学校教育」において重視されてきた，探究的な学習や体験活動などを通じ，子ども同士で，あるいは地域の方々をはじめ多様な他者と協働しながら，あらゆる他者を価値のある存在として尊重し，様々な社会的な変化を乗り越え，持続可能な社会の創り手となることができるよう，必要な資質・能力を育成する「協働的な学び」を充実することも重要である」と考えられる。（中央教育審議会，2021）

引用が長くなったが，ここで述べられていることは，「メタ認知」「動機づけ」

などを考慮した自己調整学習（ジマーマン他，2014）に基づく考え方であると捉えることができる。学校教育において，指導の個別化と学習の個性化を進めることで，能動的に学ぶこと，探究のプロセスにおいて情報に主体的にアクセスすること，協働的な学びなどを実現することが求められている。また，子どもたちの生活においても，子どもたち自身がICTを学びに活用するという意識を持ち，目の健康や正しい姿勢で使用するといった健康面についても留意できるよう，自ら調整する力を身に付けることにも留意する必要がある。

❹　学校，教師，授業のオンライン化への対応

（1）学校の課題

日本における教育の情報化は一部の先進的な取り組みを除き，これまでの授業の形態を変えずにICTの活用を組み込むモディフィケーション過程（**図1**）で進んできたと考えられる（野中，2015）。おそらく，諸外国も同様のプロセスを経てきたと推測されるが，他の国々では情報環境の整備や教員のICT活用

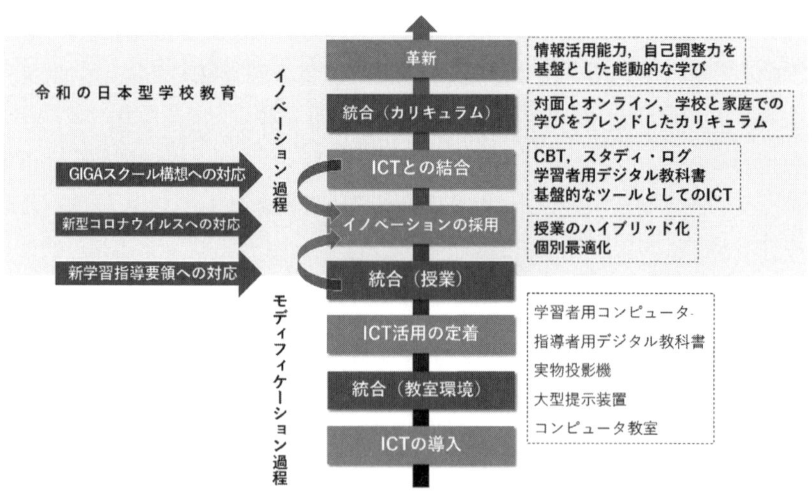

図1　「令和の日本型学校教育」に対応した情報化のプロセスモデル（野中，2015）

への意識が社会全体の情報化と相まって急速に進んだことにより，日本の教育の情報化の遅れは顕著になった。

例えばOECDによる，「生徒の学習到達度調査2018年調査（PISA2018）のポイント」（文部科学省・国立教育政策研究所，2020）には，「生徒のICTの活用状況については，日本は，学校の授業での利用時間が短い。また，学校外では多様な用途で利用しているものの，チャットやゲームに偏っている傾向がある」という記述がある。また，OECD国際教員指導環境調査（TALIS）「2018報告書―学び続ける教員と校長―のポイント」（文部科学省・国立教育政策研究所，2021）には，「生徒にICTを活用させることについて，頻繁に行う日本の中学校教員の割合は前回2013年調査と比べて増えているが依然として低い」との指摘もある。

国立教育政策研究所（2021）が2021年2月16日に「令和2年度教育改革国際シンポジウム」をオンラインで開催し，「公正で質の高い教育におけるICT活用の促進条件」について，教育委員会，学校のそれぞれの視点でオンライン家庭学習に関する総括的考察を行った。そこではオンライン家庭学習を可能にした要因や学校での積極的なICT活用を可能にした要因について，教育委員会の視点・学校の視点からそれぞれ5つが挙げられ，教育長の革新的授業重視傾向や校長のリーダーシップの重要性が強調された。2011年から教員研修センターや教職員支援機構が「学校教育の情報化指導者養成」を行ってきたとはいえ，リーダー層の情報化への意識を変えるまでには至っていないことも，課題として残っていることも述べられた。

(2) 教師の課題

学習指導要領の改訂，GIGAスクール構想の前倒し，それらを踏まえた「令和の日本型学校教育」答申など，教育のあり方の抜本的な変化が今求められているが，教師の意識はどうであろうか。教師は，これらの情報に直接アクセスする余裕がないほど，疲弊しきっているのが実情である。そのような中で，教師自身が主体的に情報にアクセスしようとする態度を身につけ，ICTを活用できるスキルを含む情報活用能力を向上させることが重要な課題である。今後，

ICTの効果的な活用の主体は教師から子どもに変わっていく。探究のプロセスにおいて，学校外の情報への主体的なアクセスが日常化する時に教師自身の情報への接し方も，当然変容している必要がある。自律的な学習者を育成するには，授業のオンライン化に対応しつつ，教科などにおける学びにおいても，知識やスキルの習得そのものが主体的に行われるような授業が求められるのである。

Li-Kai Chenら（2021）が発表したマッキンゼーレポート「Teacher survey: Learning loss is global – and significant」によると，オーストラリア，カナダ，中国，フランス，ドイツ，日本，英国，米国の教師2500人以上を対象とした，2020年10月下旬から11月上旬の調査では，教室での学習と比較してリモート学習の効果の平均評価は10ポイント中4.8ポイントであり，平均（教室での学習）の5ポイントを下回った。国別でみると，オーストラリア（6.6），ドイツ（6.1），カナダ（5.6）が平均を上回ったが，米国（3.5），日本（3.3）は平均を下回っている。そして，オーストラリア，ドイツ，カナダの教師の回答者の約3分の1が，遠隔教育は教室での学習とほぼ同じくらい効果的であると感じているのに対し，日本では，教室での学習に匹敵すると感じた教師はわずか2%であった。この意識の差は，日常的に学びにICTを活用しているかどうかに関連していると思われる。

(3) 授業の課題

「子どもがICTも活用しながら自ら学習を調整しながら学んでいく」ためには，カリキュラムや日常の授業のあり方も見直す必要がある。文部科学省（2020b）は，「新型コロナウイルス感染症の影響を踏まえた学校教育活動等の実施における「学びの保障」の方向性等について（令和2年5月15日文部科学省初等中等教育局長通知）」に基づく取り組み事例について，各地域や学校から収集した情報をもとにまとめた資料を公表している。全体的な取り組みとしては行事の精選や年間指導計画の見直し等のカリキュラム・マネジメントが中心事項になるが，家庭での学習の扱いを学びの習慣化や学習内容の習熟・定着を図るための「宿題」から「単元＋家庭学習」とすることによって，家庭での学びを単元やカリキュラムの一部に取り入れるという新たな発想によるカリキュラム・マネジメントの事例も示されている。

先の「令和の日本型学校教育」の答申においても,「6. 遠隔・オンライン教育を含むICTを活用した学びの在り方について」の中で,「今後は, 対面指導の重要性, 遠隔・オンライン教育等の実践で明らかになる成果や課題を踏まえ, 発達の段階に応じて, 端末の日常的な活用を「主体的・対話的で深い学び」の実現に向けた授業改善に生かすとともに, 教師が対面指導と家庭や地域社会と連携した遠隔・オンライン教育とを使いこなす（ハイブリッド化）ことで個別最適な学びと, 協働的な学びを展開することが必要である。」といった指摘や,「学習活動の質を高めるため, 児童生徒の発達段階を踏まえ, 学校の授業時間内において, 教師による対面指導に加え, 目的に応じ遠隔授業やオンデマンドの動画教材等を取り入れた授業モデルを展開するべきである。」といった指摘があった。ここでのポイントは, 通常の授業におけるハイブリッド化である。

(4) ICT の活用や, 対面指導と遠隔・オンライン教育とのハイブリッド化による指導の充実

文部科学省（2020b）で述べられている,「社会的・経済条件の不利が, 児童生徒の学習の格差につながらないよう, 自然災害時でも児童生徒の学習を継続するための取り組みなどを進める必要がある。その際, 社会的・経済条件に恵まれない児童生徒にとって, 安全・安心な居場所, セーフティネットとしての学校の役割はより一層重要であることに留意すべきである」ことを踏まえると, **図2**に示された多様な学びに学校が対応する必要がある。もちろん, これらは家庭を含む学校外からのインターネット接続のための通信機器整備支援が大前提となる。

遠隔・オンライン教育を活用した学習は, 学校で学びたくても学べない児童生徒（病気療養, 不登校など）への対応に加え, 社会の多様な人材・リソースの活用を実現し, 特定分野に特異な才能のある児童生徒に対する指導にも拡げていく必要がある。特別な配慮を必要とする児童生徒に関して, 特別の教育課程を編成し, 多様なメディアを効果的に活用し遠隔教育を行うことが求められ

図２　ICTを活用した「令和の日本型学校教育」の実現（イメージ）（文部科学省, 2020c）

ているのである。

学習者用デジタル教科書の導入やCBTを活用したオンラインでの学習診断，それらによって得られた学習履歴（スタディ・ログ）をはじめとした様々な教育データの蓄積・分析・利活用によって，児童生徒自身の振り返りにつながる学習成果の可視化を実現することが求められる。

❺ 終わりに

学校教育のオンライン化と同時に，子ども自身の学びに対する意識の変容を促すことが重要となる。子どもの学びや生活の変化に対応するためには，学校や教師の意識に加え，カリキュラムや授業のあり方を変える必要がある。同時に，日常の授業やオンライン授業によって，保護者に，これからの子どもたちに必要な資質・能力を育成する教育への転換を意識させる必要もあるだろう。

そのためには，中央教育審議会（2021）で述べられていたように「学習活動の質を高めるため，児童生徒の発達段階を踏まえ，学校の授業時間内において，教師による対面指導に加え，目的に応じ遠隔授業やオンデマンドの動画教材等を取り入れた授業モデルを展開する」ことに加え，家庭に端末を持ち帰り，チャットやゲームにしか使っていないことから脱却し，授業という枠組みを超えてICTを活用して学ぶことを子ども自身が認識し，教師，保護者が連携しながら支えていく必要がある。

教師に教えてもらう，繰り返し練習するといった学習だけでなく，一人でインターネット上の教材にアクセスして学ぶ力や，学びに必要な情報に主体的にアクセスし，整理・分析し，自分の考えを表現し，時には教師や子どもたち同士で議論し，協働して学ぶといった活動を学校でも家庭でも，対面でもオンラインでも行うことができるようなスキルが必要となる。当然，学びの動機付け，学びへの意欲を高めるなど，日常生活においても常に学ぶ姿勢を育むことがこれまで以上に重要となる。

いくつかのアンケート調査で報告されているように「不登校の子どもたちがオンライン授業に参加できるようになり「学び」へのアクセスを取り戻した」「動画コンテンツによる学習の方が自分のペースで繰り返し学ぶことができる」「オンラインでの授業に集中して取り組むことができた」といった子どもたちの反応を活かすことも重要である。特に小学校低学年では，「生活リズムがくずれなかった」ことへの対応や「オンラインで友だちと会うことができた」を超えてオンラインでも協働的に学ぶ姿勢ことに配慮した取り組みも不可欠であろう。

オンライン教育を含む「令和の日本型学校教育」の実現のためには，従来の教室を超えた学びの空間を，学校に位置付けることも重要であろう。文部科学省では，「新しい時代の学校施設検討部会」が立ち上がり，検討が始まっている。今後は，これまであまり重視されてこなかった，子どもたちが一人でじっくりと学ぶための空間の確保など，多様な学びのための学校施設のあり方を検討する必要があるだろう。また，ハイブリッド化を実現するためには，遠隔教育に必要な環境を教室の固定設備にすることや，ICT支援員による支援の充実等，教師の負担増とならないように留意する必要もある。

先の**図1**は，野中（2015）の「教育における情報化の普及プロセスモデル」図の骨格を変えずに，「令和の日本型学校教育」の方向性を位置づけたものである。個別最適化，授業のハイブリッド化を含むイノベーション過程は，教育におけるDX（デジタルトランスフォーメーション）であると考えられる。日本では，モディフィケーション過程を経ていない学校が多く存在したままイノベーションのプロセスに突入した感がある。教育のオンライン化が子どもたちの生活と学びに変容をもたらせるかどうかは，ICTが，子どもたちや教師にとって，学びや学校教育を支える基盤的なツールとなり，端末の日常的な活用が授業そしてカリキュラム（各学校の教育課程）に統合できるかにかかっている。

参考文献

・ボストンコンサルティンググループ（2020）COVID-19 下の休校の影響と新たな学びの在り方への示唆 <https://web-assets.bcg.com/30/dd/5d63e6654cf897fadb3c29caf21b/bcg-covid19-jpn-education-survey-july-2020.pdf>2021 年 5 月 4 日参照 .
・中央教育審議会（2021）「令和の日本型学校教育」の構築を目指して～全ての子どもたちの可能性を引き出す，個別最適な学びと，協働的な学びの実現～（答申）<https://www.mext.go.jp/content/20210126-mxt_syoto02-000012321_2-4.pdf>2021 年 5 月 4 日参照 .
・国立教育政策研究所（2021）「公正で質の高い教育における ICT 活用の促進条件」令和 2 年度教育改革国際シンポジウム（オンライン開催）第一部（リサーチ）ICT を活用した公正で質の高い教育の実現に向けた研究 <https://www.nier.go.jp/06_jigyou/symposium/sympo_r02_02/pdf/20210224-doc05.pdf>2021 年 5 月 4 日参照 .
・熊本市教育センター（2020）「オンライン授業事後アンケート」<http://www.kumamoto-kmm.ed.jp/files/35057/2126259336.pdf>2021 年 5 月 4 日参照 .
・Li-Kai Chen, Emma Dorn, Jimmy Sarakatsannis, Anna Wiesinger（2021）“Teacher survey: Learning loss is global – and significant” McKinsey & Company<https://www.mckinsey.com/industries/public-and-social-sector/our-insights/teacher-survey-learning-loss-is-global-and-significant>2021 年 5 月 4 日参照 .

・野中陽一（2015）「教育メディア活用の課題と展望」，『教育工学選書 7 教育メディアの開発と活用』近藤勲，堀田龍也，野中陽一，黒上晴夫著，ミネルヴァ書房，pp.148-185.
・文部科学省（2017）小学校学習指導要領（平成 29 年告示）解説総則編 <https://www.mext.go.jp/component/a_menu/education/micro_detail/__icsFiles/afieldfile/2019/03/18/1387017_001.pdf>2021 年 5 月 4 日参照 .
・文部科学省（2020a）「新型コロナウイルス感染症の影響を踏まえた公立学校における学習指導等に関する状況について」<https://www.mext.go.jp/content/20200717-mxt_kouhou01-000004520_1.pdf>2021 年 5 月 4 日参照 .
・文部科学省（2020b）「新型コロナウイルス感染症対策に伴う児童生徒の学習保障に向けたカリキュラム・マネジメントの取組事例について」<https://www.mext.go.jp/content/20200731-mxt_kouhou01-000008530_3.pdf>2021 年 5 月 4 日参照 .
・文部科学省（2020c）「ICT を活用した「令和の日本型学校教育」の実現（イメージ）」，学校施設の在り方に関する調査研究協力者会議（平成 28 年度～）（第 10 回）配付資料，資料 2-7 初等中等教育を巡る動向と学校施設を取り巻く状況，p12<https://www.mext.go.jp/content/20210127-mxt_sisetuki-000012397_25.pdf>2021 年 5 月 4 日参照 .
・文部科学省・国立教育政策研究所（2021）「OECD 生徒の学習到達度調査 2018 年調査（PISA2018）のポイント」<https://www.nier.go.jp/kokusai/pisa/pdf/2018/01_point.pdf>
・ぱぱまま STARTUP（2020）「【6/17 最新情報】23 区公立小 ICT 進捗状況★草の根ウォッチ」<https://papamamastartup.com/columns/529/>2021 年 5 月 4 日参照 .
・ジマーマン, B.J. シャンク, D.H. 塚野州一（編訳）（2006）自己調整学習の理論，北大路書房 .
・スプリックス基礎学力研究所（2021）「世界 11 ヵ国 22,000 人の子ども・保護者を対象に，基礎学力に関する調査を実施」<https://sprix.jp/pdf/news20210218.pdf>2021 年 5 月 4 日参照 .

3　3つの学び論の提唱が引き起こす波紋と混迷

和光大学名誉教授　**梅原　利夫**

❶ 課題の設定

文部科学省は，2020年代に本格的に実施しようとしている施策の最重点課題の一つに，複数の用語を用いた学びの提唱と実践の普及を置いている。

改訂された新学習指導要領（2017/2018）に基づいた教育課程の完全実施が，2020年度以降，小学校・中学校・高等学校へと順送りで始まっている。ここで強調されている学びは「主体的・対話的で深い学び」である。

そのなかでも，特に高校教育課程で強調されているのは「探究的な学び」である。その具体的な姿は，2021年3月末に公表された高校教科書の検定結果に如実に表れている。

中央教育審議会（以下本稿では中教審と略記する）は2年弱の審議を経て，2021年1月26日に答申「『令和の日本型学校教育』の構築を目指して～全ての子供たちの可能性を引き出す，個別最適な学びと，協働的な学びの実現～」を行った。これによって，2020年代を通して日本の学校教育がめざすべき新たな学びの提案を行ったのである。

さらに首相のもとに直属に置かれている教育再生実行会議は，2021年6月にその第十二次提言として「新たな学びの在り方」について公表した。ポストコロナ時代を見通し，一人一台端末取得を典型とするICT環境の本格的導入を迎えるにあたっての提言である[1)]。

ところで，上記の学び（大きくは3つ，小項目では6つ）の提唱は，その出発にあたる動機や文脈はそれぞれに異なっており，しかも相互に入り組んでおり，必ずしも整合的に組まれているわけではない。そのため，そこから相互関係や全体構造の理解について困惑や混迷も生まれており，実践上かつ理論上の不整合もみられる。

そもそも教育実践においては，学びに関する提案と実践は多様であり多彩であってよく，それが数種類に集約されるはずもない。ましてや，権力や権威をもった教育行政機構が「公認された学び論」を振りかざし，上意下達による縛りの構造で浸透させるような性格のものではない。学び論が旺盛に展開されるには，その土台に教育実践の自主性と自由が確保され，自由闊達に行われる土壌の開拓が必須である。

このような問題意識から，本稿では3つの「学び論」を個別に考察し，その問題点を明らかにして実践上の困難さを指摘し，本来の学び論の復権へむけた課題を見通すことにしたい（以下，それらをA「主体的・対話的で深い学び」，B「探究的な学び」，C「個別最適な学びと協働的な学び」として扱う）。

❷ 複層化した3つの「学び論」

本稿で検討対象とする3つの「学び論」について，それらが提案された学習指導要領（2017/2018）や中教審答申（2021.1.26）に即して検討する。

(1) A：主体的・対話的で深い学び

これは現行学習指導要領の総則に書かれたキーワードである。しかし奇妙なことに，学習指導要領を準備する中教審での審議では，初回での諮問文（2014.11）から明確にアクティブ・ラーニングの用語（以下本稿ではＡＬと略記する）が使われていた。そこでは「課題の発見と解決に向けて主体的・協働的に学ぶ学習（いわゆる「アクティブ・ラーニング」)」と表現されていた。そのためにこの用語がただちに教育界を席巻し，新しい学びを象徴する言葉として浸透していった。もともとＡＬは，初等中等教育に先立って，中教審答申「新たな未来を築くための大学教育の質的転換に向けて～生涯学び続け，主体的に考える力を育成する大学へ～」（2012.8）により，大学教育の分野で先行して用いられていた[2)]。

このような出自の事情から，初等中等教育分野では，ＡＬについて数種の特定の学習形態が例示され，特化されたことも弊害の一因となり，中教審でも途中からＡＬではなく「ＡＬの視点」と修正せざるを得ず，それは子どもたちの「主体的・対話的で深い学び」の実現をめざす授業改善の視点であるとされた[3)]。その結果，答申（2016.12）では「『主体的・対話的で深い学び』の実現（『アクティブ・ラーニング』の視点）」と表現された[4)]。しかし，それをうけて出された学習指導要領（2017/2018）の総則では，あえてＡＬというカタカナ語はすべて消去され日本語表記のみとなった。このようにAは，二転三転した審議過程で創作された用語なのである。

だからよく吟味してみると，広く能動的な学習一般をさすＡＬの日本語表現が「主体的・対話的で深い学び」とイコールではないことは，初めから自明なことであった。また，「深い学び」にいたっては，初期には使われていなかった用語であり途中で加筆されたものである。このようにAは，流行と混乱と混迷の過程での産物なのである。

(2) B：探究的な学び

「探究的な学び」については，Aのなかでとりわけ「深い学び」の実現に向けた過程で意識的に追求するという位置関係にある。学習指導要領総則についての文部科学省による『解説書』には，Aの学びで求められる3つの視点の最後に，「習得・活用・探究という学びの過程」として指摘されている[5)]。

以上を前提に，Bはとりわけ高校教育段階で強調されている。高校の学習指導要領では，探究的な学びに関わる教科などの領域において，3種の「探究」が用いられている。

① 教科国語のなかの科目「古典探究」，教科地理歴史のなかの科目「地理探究」「日本史探究」「世界史探究」。

② 教科理数を構成する2科目である「理数探究基礎」と「理数探究」。

③ 小中学校では「総合的な学習の時間」に相当するものが，高校ではあえて「総合的な探究の時間」に。

しかしながら，高校版の『解説書』で注目すべきは，①の「探究」は，②や

③の「『探究』とは意味の異なるものである」として次のような区別を行っていることである[6)]。

①は「教科の内容項目に応じた課題に沿って探究的な活動を行うもの」。②や③は「課題を発見し解決していくために必要な資質・能力を育成することを目的とし，複数の教科・科目等の見方・考え方を組み合わせるなどして働かせ，探究のプロセスを通して資質・能力を育成するもの」である。

このように②と③はねらいや探究の過程が共通しているが，あえて③では「自己の在り方生き方」を考えながら行うことが強調されている。②と③でいわれている探究の過程とは，課題の発見と設定―観察，実験，調査，情報収集など―事象の分析，まとめ，評価―結果や成果の発表と振り返り，が想定されている。いずれも，研究者による研究の過程に準じたモデルが構想されている。高校生たる学習者を「小さな研究者」「未来の科学者」として位置付けたいという期待があるのだろう。しかし私は，教育現場にはたしてそのような認識と学習・指導の条件が整っているのかについて，厳密に吟味されなければならないと考える。それは現場のせいではなく，むしろ現場から遊離しがちな政策側の過剰期待，ないしは用語のみの先行使用にあるのではないだろうか。

②の「理数探究基礎」の目標について，学習指導要領では以下のように設定している。

ア 知識及び技能

3つの理解　（ア）探究の意義，（イ）探究の過程，（ウ）研究倫理

3つの基本的な技能　（エ）観察，実験，調査等，（オ）事象を分析する，
（カ）探究の成果などをまとめ発表する

イ 思考力，判断力，表現力等

（ア）課題設定力，（イ）探究の過程遂行力，（ウ）探究の過程を整理し，成果などを適切に表現する力

この「探究の過程」について文部科学省が作成した『解説書』では，「自然

や社会の様々な事象に関わり，そこから数学や理科などに関する課題を設定し，見通しをもって観察，実験，調査等を行い，その結果を分析し解釈すること」とされ，さらに探究の方法は固定化せずに「探究の過程を適宜振り返りながら改善していくことが重要である」とまで踏み込んだ説明を行っている[7)]。

以上のような学習指導要領上での強調の反映として，2022年度から使用される高校教科書検定結果が発表された（2021年3月30日）。それは当日夜から翌朝のメディアでいっせいに報道され，「探究」重視の面が注目された。

(3) C：個別最適な学びと協働的な学び

この用語は，初めから安定して示されたものではない。文部科学省が中教審に諮問する2019年4月以前から，「個別最適化された学び」という用語は，すでに経済産業省のEd Tech研究会（2018.1発足）などにおいて，あたかも不動の路線であるかのように浸透していた。

「個別最適化された学び」の特徴は3点ある。第一は，学びを最適化する主体は誰かという点である。それはICT（情報通信技術）環境下のAI（人工知能）である。第二は，そのために子どもの学習履歴を大量に集積し（ビッグデータ），その結果をもとにAIが情報操作を行い，個々の子どもに最も適したとされる（機器が判定した）学習課題を，個別に提供するという仕組みである[8)]。第三は，したがってこの学びが徹底されると，情報機器があたかも学びの司令塔であるかのようになり，教師はじめ学習の支援者は機器の管理操作に集中させられる。各パーツに分離された子どもは，パソコン画面上で指示される刺激に従属した反応操作に服することになる。

この仕組みの最大の欠陥は，提供された学びが「最適」であるという根拠は誰にも証明できないことにある。ただそれがAIによってはじき出されたから，という以外にはない。

学びの在り方を審議していた中教審は，当初は先行していたEd Tech路線に相乗りしていたが，1年後にいよいよ「中間まとめ」に集約される段階になって，この用語の適切性について内部であらためて議論となった。その中心舞台が，中教審内に設けられている教育課程部会であった。部会は2020年7月に集中的な論議を行い，それが主たる根拠となって，中教審本体も，当初の「個別最適化された学び」を大きく修正し，「個別最適な学び」へとキーワードの変更を行った[9)]。

❸ 個別の「学び論」に内在する不整合

これまで注目したA，B，Cの学び論は，総計6つの学びに細分化される。しかし，その小項目の学びの組み合わせにも重大な齟齬がみられる。

(1) A：主体的・対話的で深い学び

Aは「主体的」「対話的」「深い学び」の3つのキーワードに細分化される。

ここに出てくる3つの学びは，それぞれに光のあて方が異なっている。つまり，「主体的」は学習の姿勢をいい，「対話的」は学習形態をいい，「深い学び」は学習の質のことをいっている。これら3つが同時に実現されるのはきわめて至難なことであり，どうしても3つのうちいずれかに光が当たるだけに止まることは避けられない。その場合，教育現場でもっとも見えやすいのは学習形態(対話的) であり，したがって2人一組や4人一組の小集団学習形態を取り入れることに指導のポイントが置かれざるを得ない。

そうなるのは教育行政当事者やリーダーがしばしば指摘するような，教育実践者の無理解や未熟さの責任にされるべきものではなく，もともと困難な学びの3側面を同時に実現させようとして政策立案者側が作り出した造語に無理があったのである。また「深い学び」はどこまでも相対的なものであり，その明示的な地点など示しようがない。ALでさえ形骸化する可能性は高く，それらを警戒して「深い学び，deep learning」論を持ち込んだのである[10)]。

このように，せっかくの学習指導要領のキーワードも，そもそも概念構築上に特殊な事情が反映して無理難題な課題の設定があり，構造上の欠陥を内包したものである。したがって実践の過程で，「主体的」とは対極にある「やらされる（没主体的な）学び」[11)]，「対話的」とは対極にある「孤立分散的な学び」，「深い学び」とは対極にある「浅い学び」が出現することには，必然性があるといわざるを得ない。学習指導要領体制[12]の内部に，そうした形骸化を生み出す主要因が潜んでいるのである。

しかも理解困難なのは，もともと違う位相にある「主体的」と「対話的」とが「主体的かつ対話的」という表現でセットとされている点である。「主体的」は個人学習においても可能なのであって，必ず「対話的」を伴わなければ成立しないものではない。しかしこれらの点についても説得的な説明はない。

(2) B：探究的な学び

Bの「探究的な学び」もキーワードの1つである。

この用語は，資質・能力の3本柱のうちの2番目，すなわち「思考力・判断力・表現力等」に注目させるために採用され，強調された。あえて強調しなければ意識的に追求されない恐れがあることを配慮した，と私は受けとめている。しかも，それが高校段階に焦点化されていることにも不自然さがつきまとう。なぜなら，「探究的な学び」は用語の意味から鑑みて，あらゆる学習段階で追求されるべき学びであるからだ。なので「探究的な学び」は，高校教科書の検定過程や[13]，大学入学共通テスト問題で例示することによって，すなわち外からのショック療法的な手法を使うことで，実行が迫られようとしているのである。

(3) C：個別最適な学びと協働的な学び

Cは「個別最適な学び」「協働的な学び」の2つのキーワードに細分化される。

「個別最適な学び」の説明は，「中間まとめ（2020.10.16）」（答申も同じ）では次のように記述された。

> 以上の「指導の個別化」と「学習の個性化」等を教師視点から整理した概念が「個に応じた指導」であり，学習者視点から整理した概念が「個別最適な学び」と考えられる。

しかしこの説明だけで，用語の転換がなされた必然性は示されず，しかもそれによって重要な意味内容に変更された理由を説得的に展開しているとは受けとめられない。「個別最適な学び」と言い換えたものの，結局のところ当初から採用されていた「個別最適化された学び」論が内在的に有している問題点は払拭できないまま，字句上の修正で済ませられた面が強い。私がそのように判断する根拠は次の3つである。第一に，重要なキーワードの転換を結局は真正面から説明できなかった点。第二に，当初の「個別最適化された学び」論がもっていた欠陥，すなわちビッグデータをあやつるAIが「最適な」学びを個々人に提供しうるかのような幻想がいまだに解消することができていない点。第三に，用語の転換をした答申でさえ，「孤立した学び」になってはならないと指摘し「協働的な学び」とセットにせざるを得なかった点である。

なお「きょうどう（協働，協同，共同）」については，近年の文部科学省や教育行政による文書ではすべて「協働」に一元化し，他の使用は認められていないのも不可解である。

以上これまでの考察をまとめると，次ページの表のようになる。

❹ 3つの「学び論」の錯綜とコロナ下での混迷

私の考えでは，A，B，Cの学び論の混迷状況の出現は，もともと整合性が乏しい各用語だったのに加え，2020年度に集中した異なる動機と文脈を持つ教育課程政策の流れが，一気に合流させられてしまったところに主要因がある。しかも2020年度以降の教育政策の遂行過程では，改訂学習指導要領の完全実施，コロナパンデミック下での緊急対応，GIGAスクール構想の前倒し実施という3つの重要事態が，一挙に教育現場を襲ってしまった。

（1）コロナ下におけるＡＢＣの強調と実践上の不整合

小学校での学習指導要領の完全実施時期を迎えた初年度から，コロナ対応で学校が休校や時間短縮に追い込まれてしまった。その期間中に取られた措置で多くみられたのは，大量の家庭学習プリント類の配布であった。さらに学校再開後に最重視されたのは，各教育委員会による授業時間数の計算上の絶対的確保の指示であった。そのためとてもAが実行される環境ではなかった。またBの実施には，ゆとりある学習時間の充当が必須であるが，これも掛け声倒れとならざるを得なかった。

複層化した３つの「学び論」―その特徴と検討課題　　2021.5　梅原利夫

ワード	A　主体的・対話的で深い学び	B　探究的な学び	C　個別最適な学びと協働的な学び
出所	中教審答申、2016.12.21 学習指導要領（小中高）、2017.3／2018.3	A と出所は同じだが、とりわけ高校教育段階	中教審答申、2021.1.26
定式化される前の用語	アクティブ・ラーニング （諮問 2014.11～答申直前まで）		個別最適化された学び（～2020.7 時点） ・ICT、AI 主導による個別学習への傾斜
英語表記	active learning　能動的な学び deep learning　深い学び	inquiry-based learning　探究ベースの学び investigated learning　調査・研究的な学び	personalized self-adjusted learning（直訳） ～　self-regulated learning（溝上慎一案） collaborative learning　協働的な学び
説明	「主体的・対話的で深い学び」の実現に向けた授業改善（アクティブ・ラーニングの視点に立った授業改善）を推進する（解説「総則編」）	課題把握―情報収集―分析―結論―表現 個別最適化された学びと協働的な学びにより社会とつながる探究的な学びを実現していく（2020. 7 中教審・教育課程部会審議経過）	「指導の個別化」と「学習の個性化」を教師視点から整理した概念が「個に応じた指導」であり、この「個に応じた指導」を学習者視点から整理した概念が「個別最適な学び」である(答申)
検討事項	①主体的な学び ⟷ やらされる学び（姿勢） ②対話的な学び ⟷ 孤立的な学び（形態） ③深い学び ⟷ 表面的な学び（質）	①高校教科「理数」、科目「理数探究基礎」での探究 ・探究の意義、過程、研究倫理の理解 ・観察、実験、調査等、分析、まとめ、発表の技能 ・思考力、判断力、表現力等 ②　「総合的な探究の時間」（3~6 単位）	①個別最適な学び ・AI による最適化された学びから、子ども主体による調整された学びまで、グラデーション ②協働的な学び ・共同や協同ではなく、すべてが協働の用語
検討対象	OECD レベルでの国際的な論議との比較 アクティブ & ディープ・ラーニング	2022 年度使用予定、高校教科書での記述 ・「理数探究基礎」「歴史総合」「地理総合」など	ICT 環境下での「個に応じた学び」の実態 個人―小集団―全体、この３者間での学び
何が問題か	1．アクティブ・ラーニングに替わり、無理に日本語表現を充てたことによる混乱 2．能動的、集団的な学びの条件はあるのか 3．検討事項①②③の右側の学びは、そうさせられる要因が学習指導要領体制内部にある	1．A の学びを生み出す象徴的な学び 2．探求、探究の用語の違いは自覚されているか 3．教科書教材や大学入学共通テスト問題による、定型化された学びの普及が進行	1．教師／学習者という視点の違い、という説明に説得力はあるのか 2．①と②の往還、とはどういうことか 3．自己調整学習（溝上の案）に傾斜する解釈は適切か

さらに休校によるコミュニケーション不足を補う手段として，にわかに「一人一台の端末」の前倒し実現が政策化され，徐々にオンライン授業実施の試行錯誤がなされるようになった。しかし，Cの学びはICT環境が安定して保障されたなかで追求されることが前提であり，まずは「端末の確保ありき」という緊急事態にあっては，効果的に実践されることは極めて困難であった。

(2) 3つの「学び論」のもつれ――どのような文脈で強調されたか

もっともズレが大きいのは，AとCの学びの相互関連においてである。Aは学び一般についての提案であり，あえていえばICTの本格的な導入を想定していなかった時期に構想されたものである。しかしCは，ICT環境のもとでビッグデータを背景にAIが主導する情報機器によって操作される個別化された学びの展開である。つまりAとCはベクトルが異なるのであって，これを同一面上において調和させることには無理があり，実行にあたって不整合や矛盾が起きることは必然である。

またCはもともと前者の「個別最適な学び」に力点があったのであり，それだけでは個別分断化されかねないという当然の批判が審議会内部からも出てしまったので，調和やバランスを持たせる意味で後者の「協働的な学び」が付加された面が強いのである。

❺ 学び論の復権へむけて

学び論は教育目的・目標に向かって適用されるのであり，その中軸には教育固有の価値の実現が貫かれていなければならない。教育の基本理念のレベルでは，日本国憲法第26条の「能力に応じて（発達の必要に応じて手厚く，と読み込んで），ひとしく教育を受ける権利」の実現，教育基本法第1条の「人格の完成を目指」す教育，そして子どもの権利条約第29条の「児童の人格，才能並びに精神的及び身体的な能力を，本来可能性としてもつ最大限度まで発達させること」を据え，そのために学びのあり方を追求していくという基本姿勢が必要である。

したがって教育目標の実現をめざして，このような学びと指導についての自主的で多様な実践が行われ，それらが豊かに交流されていく過程を大事にしたい。このような努力のなかで一定の幅を持ちながら，地域や学校ごとに次第に合意形成がなされていくことを期待する。もしもそうではなく全国一律に，学びや指導が定型（スタンダード）化され，目に見える「成果」が性急に追い求められるとしたら，もともと複数の学び論に内在していた齟齬や矛盾が表面化し，混迷が起きることは避けられない。

学び論の個性的な展開には，実践主体（個人および集団）による自主的で創造的な取り組みが推奨されなければならない。このような発想に立てば，ニュアンスの違いを持った学びの「きょうどう」についても，各自がそれぞれの概念を定義づけし実態に即して縦横に使い分けしていくのがよいのではないか，と私は考える[14)]。

以上のように，教育実践と研究のなかで学び論が活発に展開されるようになる基盤には，教職の専門性と研究の自由が尊重される土壌が耕されていることが重要である。つまり，学び論についての自由闊達な学び合いが実現されていることこそ，実践と研究に意義ある生命力を吹き込む源泉になるものであると考えられる。

注・参考文献

1）教育再生実行会議第十二次提言「ポストコロナ期における新たな学びの在り方について」2021 年 6 月 3 日 .
2）溝上慎一（2014）『アクティブラーニングと教授学習パラダイムの転換』東信堂 .
3）梅原利夫（2018）「補論『アクティブ・ラーニングの視点』からの解放」，同『新学習指導要領を主体的につかむ―その構図とのりこえる道―』新日本出版社 pp.60-70.
4）諮問文で「協働的」と表現されていたものが答申では「対話的」に変更されてしまったが，その説得的な説明は書かれていない。
5）文部科学省（2018）『小学校学習指導要領（平成 29 年告示）解説　総則編』東洋館出版社，p.77。同様の記述は，中学校や高校の解説部分にもみられる。
6）文部科学省（2019）『高等学校学習指導要領（平成 30 年告示）解説　総則編』東洋館出版社，平成 31 年，pp.61-62.

7）文部科学省（2019）『高等学校学習指導要領（平成30年告示）解説　理数編』東京書籍，p.21.

8）個人情報をビッグデータとして管理し，個人の特性をAIで評価・採点することには，個人の人権侵害にあたる危険性が伴う。日本社会ではこの点についての意識が弱く，教育界でもほとんど無頓着であるが，例えばEUなどでは政府や企業が人事評価や採用過程にAIを持ち込むことは規制の対象とされている。

9）梅原利夫（2021）「縛りをほぐす教育課程づくりの創造的実践を」の論文の第5節「AIやICTで『個別最適化された学び』は可能か」で言及している。民主教育研究所編『民主主義教育のフロンティア』旬報社，pp.192-207.

10）松下佳代編著（2015）『ディープ・アクティブラーニング』勁草書房。この本には，大学授業における「深い学び」の実現に関する提案がなされている。

11）梅原利夫「『主体的な学び』の没主体的な受容から抜け出そう」『体育科教育』大修館書店，2019年12月号，pp.12-16.

12）梅原利夫（2018）「学習指導要領体制というべき縛りのシステム」，（3）の著書第1章，第6節，pp.49-55.

13）「理数探究基礎」の教科書を作成し検定を通ったのは，啓林館と数研出版であった。

14）私自身は，「協働：異なる職種や担当者が協力してことにあたること，collaboration」，「協同：同じ実現目標に向かって力を合わせて実行すること，cooperation」，「共同の：同じ方向を共有する集団や社会のもとで，communal」と区別した上で，文脈に応じて使い分けをしている。さしあたっては各自の主体的な解釈を明示し，その把握と使い分けには幅があってよいと考えている。

4　コロナ下における学びの保障

—リスニング・ペダゴジーの観点から—

東京大学　**浅井　幸子**

❶ はじめに

新型コロナウイルス感染症の流行によって，子どもの生と学びが危機にさらされている。学校の休校や授業のオンライン化が，子どもの生命や学びにどれだけ危機をもたらしたか，既に多くの報告や論文が記されている。そこで本稿では，グループやペアの学びの抑制の問題に焦点をあてたい。

2020年の夏に学校が再開された時，文部科学省は，「新しい生活様式」をふまえた学校衛生管理として，「身体的距離の確保」を求め，机を一つずつバラバラに黒板に向けた図を例示した。また地域によっては教育委員会がグループワークを行わないよう学校に指示した。2020年の夏に行われた教師へのWebアンケートでは，「対面授業実施時の工夫」を尋ねた選択式の質問に，約3割が「グループワーク等の自粛」を選んでいる。自由記述には「話し合いができない，進度が気になるため講義型の授業になりがち。どうしたらいいのか分からない」との声があった（有井ほか，2020）。

ここに生じているのはどのような問題なのか。ある授業の風景から出発し，聴くことや聴き合う関係を基盤とするリスニング・ペダゴジーの観点から考察したい。なお，本稿に登場する子どもの名前はすべて仮名である。

❷ 教室における孤立

新型コロナウイルス感染症の流行が少し落ち着いていた2020年10月に，関東の公立A小学校を訪問した。経済的・文化的に恵まれない地域の学校である。

約10年前，A小学校は，子どもたちの授業への参加が困難になっていた状況から「学びの共同体」の学校改革に取り組みはじめた。先生たちはペアやグループ活動を取り入れ，子どもたちの学び合う関係を構築してきた。しかし昨年の訪問時には，感染防止のために机は前に向けられ，座席は一つずつバラバラに配置されていた。

5年生の算数の授業の課題は，平行四辺形の面積を求めるというものだった。まず，厚紙の方眼紙で作られた平行四辺形が配られる。子どもたちは，その厚紙に線を引いたり，ハサミで切ったりしながら面積の求め方を考える。先生は，辺の長さが同じで高さが半分の厚紙の平行四辺形と，ストローとモールで作成した四角形も準備していた。後者の角は可動式で，これを操作することで，高さと面積の関係を探究できるようになっている。

しかし，最初の課題に取り組み始めてまもなく，何人もの子がフリーズしてしまった。コウキは平行四辺形の辺の長さを測ったところで行き詰まり，ストローの平行四辺形を弄び始めた。ナミは辺と平行な線を引き，平行四辺形を細かく分割したところで止まってしまう。二人の思考はよくわかる。長方形の面積の求め方を試しているのだ。斜め前からナミの様子を眺めていたアスカは，前に向き直って自分の手元に目を落とす。アスカのノートの上には，平行四辺形の左右の三角を切り落とし，長方形の形に並べ替えたものが置かれている（**図1**）。あとは長方形の面積を求める式を書き計算すれば答えが出るが，アスカの手は動かない。先生は子どもたちを支援して回っているが支援の必要な子が多くアスカの順番は回ってこない。ナオキが黒板に出て説明を始めた時，アスカはノートを閉じて下を向い

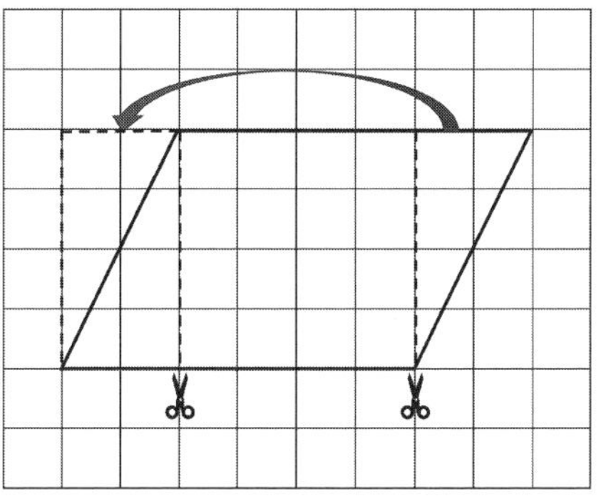

図1

たままだった。

アスカはあまり算数が得意ではないが，わからなさを共有することに躊躇がなく，コロナ以前の授業ではよく発言し，皆の理解の深まりに寄与していた。机の配置とグループの抑制による孤立が，関係性においてサポートされていた彼女のヴァルネラビリティ（脆弱性，可傷性）を際立たせたのだ。アスカだけではない。関係の切断がコウキやナミたちを無力化していた。

私は，同じ先生がコロナ以前に行った1年生の算数の授業を思い出した。課題は「立体の特徴」である。子どもたちは4人1組になり，木製の4つの立体，球，円柱，立方体，直方体の特徴を確かめ，ワークシートに記入する。活動が始まってからしばらくして，一番前の真ん中の席の子が，球をコロコロと転がした後で立方体を転がそうとし始めた。タイから来たプリチャである。立方体はガタンガタンとなり，球のようにコロコロとは転がらない。しかしプリチャは，繰り返し立方体をガタンガタンと転がした。その様子を見ていた隣のマホが，小さな声で「かたかたするの？」と尋ねた。プリチャは頷いた。マホは自分のプリントに「かたかたする」と書き，それをプリチャに見せた。プリチャは自分のプリントに文字を写した。

私はこの一連の出来事を，驚きと感動をもって見ていた。ケアの関わりと知的な学びの関わりが，同時に成立していたからである。プリチャの立方体を転がす行為は，探索的な対象との関わりであり，立方体の特徴の表現でもあった。むしろ，手で対象を転がす身体の言葉に，マホが「かたかたする」というヴァーバルな言語を重ね，二人の間に表現が成立した。それは創造的な性格を有していた。この授業では，球を転がして「ころころ」と表現した子は多くいたが，立方体を転がして「かたかた」と表現した子は見られなかった。ここでは日本語の使用におけるプリチャのヴァルネラビリティが，マホとの協働において，学びを豊かにする多様性に転換しているといえよう。担任の先生もこの一連の出来事に着目し，授業後の協議会で言及していた。

「学びの共同体」の理念を提唱した佐藤は，「「学びの共同体」における公共空間は，他者の声を聴くリスニング・ペダゴジーが生み出す学びの空間であり，一人ひとりの思考と感情の小さな差異が響き合う，つぶやきの<交響空間>なのである」と述べている（佐藤，2012:128）。実際に，上記の出来事は，対象の声を聴くプリチャ，彼女の声を聴き，彼女とともに対象の声を聴くマホ，その声の交錯を聴く先生という聴き合う関係の中にある。さきほどのアスカの場合も，机がグループの形になっていたら，平行四辺形から長方形に変形された物質が表現するアスカのアイデアを他の子どもが聴き，相互的な関わりの中で思考が発展しただろう。教室のソーシャル・ディスタンスは，このような聴き合う関係を解体した。では，感染症対策が必要な中で，どのようにすれば学びの空間を再生し維持することができるのか。そのことを考察するために，リスニングを通した学びがどのように成立しているのかを確認したい。

❸ リスニング・ペダゴジーの諸相

聴くこと・傾聴を教育の基盤とするリスニング・ペダゴジーには，三つの位相がある。一つめは，教師の役割としてのリスニング，二つめは聴き合う関係を基盤とする教育，三つめは教育のメタファーとしてのリスニングである。それぞれのリスニング・ペダゴジーは，アイデアを共有しながらも，どの位相を中心とするかによって異なる射程の議論を展開している。

（1）教師の役割としてのリスニング

リスニングの第一の位相は，教師の役割としてのリスニングである。教師の活動を「聴く」「つなぐ」「もどす」（佐藤，2012:124）と表現する学びの共同体をはじめ，リスニング・ペダゴジーは「聴く」という教師の役割を共有している。教師の役割としてリスニングを焦点化することは，教師の役割を話すことから聴くことへと変え，教育における相互作用の性格を変化させる。

ジョン・デューイとパトリシア・カリーニに連なる進歩主義教育の系譜において，教師が聴くことを「教えるためのリスニング（listening to teach）」として探究したシュルツ（Schultz，2003）の議論を参照しよう。シュルツはリスニングの概念を，聞く（hearing）以上のこと，書かれた言語，ささやかれた言葉，ジェスチャー，絵画，言われなかったことの傾聴を含む概念として使用している。もう一方でリスニングは，「近さ」と「親密さ」を必要とする点において特徴づけられ，遠くからでも可能な「観察」に対置されている。

シュルツは教師のリスニングを4つの構成要素で把握している（**図2**）。①「特定の生徒を知るために聴く」ことは，多様な個人の固有の学びや相互行為のやり方に耳を傾けることを意味する。たとえばニューカマーの子の学びの困難に直面した教師が，その子の絵画表現に耳を傾けつつ学びをかたちづくる事例が描かれている。②「教室のリズムとバランスを聴く」ことでは，教師および子どものグループを焦点化することで，民主的なコミュニティへの参加が問われている。リズムとは教室の相互作用の根底をなす構造とパターンであり，教師は構造や儀式の確立によってそのバランスをとる必要がある。③「生徒の生の社会的・文化的な文脈，コミュニティの文脈を聴く」ということは，子どもが学校の外で学ぶことに耳を傾ける必要性を提起する。子どもが書く機会を設け，教師がそれに学ぶ事例が示されている。④「静寂と沈黙の行為に耳を傾ける」ということは，人種問題を背景に見出されている。成績のいいアフリカン・アメリカンの子の孤立や，反抗的なアフリカン・アメリカンの子の知的な貢献が看過される事例が挙げられ，沈黙に気づき対応することの必要性が指摘されて

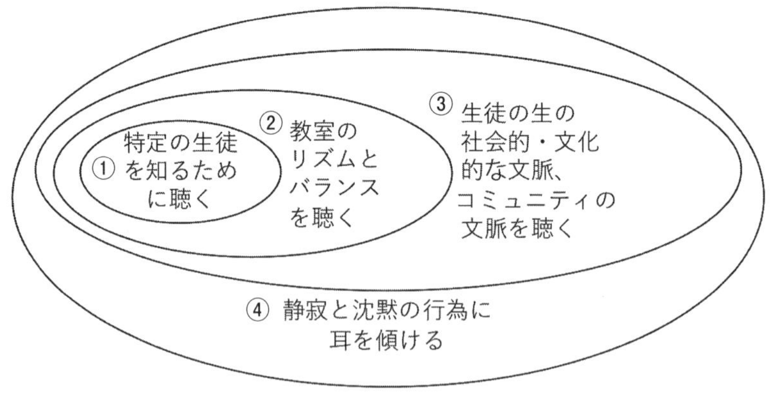

図2　教えるためのリスニングの概念枠組み（Schultz，2003）

いる。

シュルツは，リスニングを教師の役割とすることによって，教えることへの責任を手放さずに子どもの活動的な学びを実現することができるという。同じように子どもの活動的な学びの実現を模索しながらも，対話的なコミュニケーションによる学びを中核として議論を展開しているのが，次にみる「聴き合う関係」を基盤とするリスニング・ペダゴジーである。

(2) 聴き合う関係

第二の位相は，子どもと子ども，子どもと教師の中に聴き合う関係を構築することである。時には，ここに保護者や地域の人々も含まれる。聴き合う関係を基盤とする構想は，学びを，協働で意味を探究しながら，世界と自分自身とコミュニティを構築する過程として再定義している。

A小学校の学校改革が依拠する「学びの共同体」は，リスニングをこの位相で捉えている。「学びの共同体」における「聴き合う関係」の位置付けは，歴史とともに若干変化しているが，『学校改革の哲学』（佐藤，2012）では，以下のように説明されている。

まず「他者の声を聴く」ことが「学びの出発点」として，「他者の声を聴き合う関係」が「学びの共同体」の「活動システム」として定位される。具体的には，グループやペアの学びが導入され，教師は声のトーンを下げて無駄な言葉をなくすことが求められる。

「聴き合う関係」を構築することによって，「公共哲学」「民主主義」「卓越性の追求」という三つの哲学的原理が実践される。ここでの公共性の意味は，学校が「公共空間」として開かれ，多様な生き方や考え方の対話的コミュニケーションによる交流が行われることである。「民主主義」は「他者と共に生きる方法」を意味する。また「卓越性」は「自らのベストをつくして最高のものを追求する」と定義され，競争による卓越性と区別されている。

近年は，聴き合う関係の機能が，「対話的コミュニケーション」と，だれも一人にしない「ケアの関係」と，一人一人が学びの主人公になる「民主的共同体」の生成に置かれている（**図3**）。

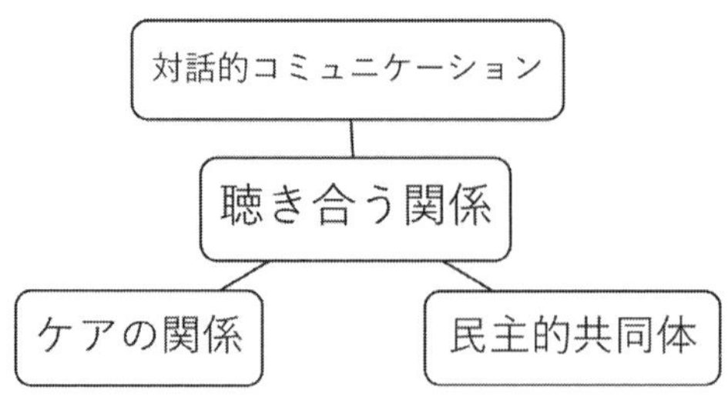

図3　聴き合う関係の機能（佐藤，2018）

対話的コミュニケーションを基礎とする学びは，「対象世界との出合いと対話」「他者との出会いと対話」「自己との出会いと対話」の三つの対話的実践からなる学びである。佐藤（2015:311-312）は対話的実践としての学びを，「既知の世界」から「未知の世界」への旅というメタファーで表現している。「この「旅」において，私たちは新しい人や事象や出来事と出合い，それらと対話し，その対話を通して私たち自身の世界との関わりを再構成し，私たち自身の内側を豊かにして，新しい人生を開始する」。ここに示されている学びのあり方は，「出会い」において，対象の意味や関係が構築され，自らもまた構築されるというものである。

実践的には，「聴き合う」ことは「話し合う」ことに対置される。佐藤によれば，「他者の声を聴く」ことは「慎み深さ」という態度をもたらし，「モノローグの言葉」を「ダイアローグの言葉」に転換する。

ここで，教育は「思考を聴くこと（listening to thought）」だと述べたビル・レディングズの議論を参照したい。レディングズ（Readings, 1996:169-186）は，ソシュールによるコミュニケーションのモノローグモデルとバフチンのダイアロジズムを対置し，その違いを「自律性（autonomy）」の位置付けだと指摘している。モノローグモデルにおける知識の獲得は，モノローグ的な声の獲得であり，そのことは三つの陥落を導く。一つめは，教授者を既存の知識の自律的な権威とし，学生をその知識を受容する容器とするハイアラーキー。二つめは，教授者と学生に違いを認めず，学生は既に自分が何を知り，何を学ぶべきかを決定する自律性を有するとするデマゴギー。三つめは，教育をテクノクラートの育成と訓練に還元し，システムの中で決められた場を占めることで得る自律性を「自ら学習する」とする錯覚。これらの陥落に対して，レディングズは「教育は関係性であり，義務のネットワークである」という。教育実践の状態は「他者への無限の注視」（ブランショ）であり，絶対的な＜他者（Other）＞の尊重（respect）を含む。ダイアローグは，自律した主体や交換可能な知識の生産ではなく，倫理的実践としての教育を導く（Dahlberg, Moss and Pence，2013）。ここで重要なのは，絶えず関係の中にあり続けることこそが，学び，倫理的実践としての学びであると捉えられている点である。

ところで，佐藤は三つの対話的実践を「対象世界との対話」「他者との対話」「自己との対話」と表現している。このことは対象世界を聴くという位相の存在を示唆している。この位相を明確に含むリスニング・ペダゴジーを理論化しているのが，次にみるイタリアのレッジョ・エミリア市の幼児教育である。

(3) メタファーとしてのリスニング・ペダゴジー

レッジョ・エミリアの幼児教育を主導したローリス・マラグッツィは「関係性の教育」を概念化し，それを引き継いだカルラ・リナルディは「傾聴の教育（リスニング・ペダゴジー）」を発展させた。マラグッツィはいう。

> 子どもたちは周りの環境との相互作用を通して学んでいく。世界との関係を，大人たち，事物，出来事，そして仲間たちとの関わり合いの中で，独自のやり方で能動的に変えていくことで学ぶ。子どもたちは，ある意味で，自らのアイデンティティを構築しながら，他者のアイデンティティも構築している。子どもたち同士の関わり合いは，人生の初期の年月を通して，基本的な経験である（Malaguzzi，1993）。

このように「関係性の教育」は，学ぶということを対象や他者との関わりの中で世界との関係を変容させ，自らと他者のアイデンティティを構築することとして描かれている。レッジョではこの教育を，小グループにおける探究的なプロジェクト，「100の言葉」と呼ばれる子どものアート表現を含む多様な表現のアイデア，それを可視化するマルチモーダルな記録であるドキュメンテーション，第三の教師としての環境構成によって具体化した。レッジョ・エミリアの幼児教育は，民主主義と市民性の教育の希望を表現するものとして，また質の高い創造性とアートの教育を実現するものとして，グローバルに着目を集めている。その実践の様相は，各国を巡回している展覧会の図録『子どもたちの100の言葉』（レッジョ・チルドレン著，ワタリウム美術館編，2012）や『驚くべき学びの世界』（佐藤学監修，ワタリウム美術館編，2011）にみることができる。

リナルディは1997年から始まったハーバード・プロジェクト・ゼロとの共同研究「学習を可視化する」において，「関係性の教育」をふまえつつ「リスニング・ペダゴジー（the pedagogy of listening）」の概念化を行なった（秋田2003，浅井 2019）。「学習を可視化する」が評価に関するプロジェクトであったため，彼女の考察は，価値に関わる側面を浮かび上がらせている。早い時期には，「聴き合う関係」の位相においてリスニングの考察がなされ，その学びのあり方が，「聴くことは，他者に価値を認めること，他者および他者が言うことにオープンであることを意味する。聴くことは他者の観点に正当性を認め，そのことによって聴き手と話し手の双方を豊かにする」と表現されている（Rinaldi，1998）。聴くことと聴かれることは，認知的である以上に，存在の次元に関わる倫理的な営みとして意味付けられている。

その後リナルディは，リスニングを教育のメタファーへと拡張した。彼女によれば，リスニングは「あるものと他のものとの繋がり，個を繋げている構造に向かって開かれた感受性」であり，「我々の知や存在は，宇宙を一つに結ぶ大きな知の小さな一部であるという確信に身を委ねること」である。リスニングはまず，「関係性の場（relational field）」である対象に耳を傾けることとして定位されている。そしてここに，多くの要素が見出されている。五感で聴くこと，「100（1000）の言葉，象徴，コード」を聴くこと，クロノロジカルな時間の外に出ること，自分自身に耳を傾けること。さらにリスニングは，感情から生まれ感情を引き起こし，相違や他者の価値を受けいれ，他者のメッセージに意味と価値を付与するとされる。そしてリスニングによって，子どもは匿名性から引き出され名前を持つ存在となる（Rinaldi, 2006）。

レッジョのリスニング・ペダゴジーについて，以下の二点を指摘しておきたい。第一に，リスニングは物質的で具体的な性格を有している。子どもは対象に五感で耳を傾け，ヴァーバルな言語だけでなく絵画，写真，粘土などによって物質的に表現する。教師がそれを聴くということも，メモ，写真，映像などの物質的なドキュメンテーションの行為において実践されている。

第二に，聴くことは「オープンである」という存在の様式として特徴づけられている。「聴き合う関係」の位相では，「聴くことは，他者に開かれていること，他者の話に開かれていること」を意味している。このように他者を聴くこと，そして世界を聴くことは，容易ではない，困難を伴う営為として語られている。そのためには「未知の価値を明確に念頭に置き，確信が懐疑されるたびに経験する空虚と不安を超えていかなければならない」のだ。

リナルディにおける世界を聴くことの概念化，関係性のフィールドである対象に耳を傾けるというリスニング・ペダゴジーは，スウェーデンを中心とする保育研究において，スピノザやドゥルーズの思想を基盤とする保育の理論と実践へと展開している。一例をあげると，「聴くこと」を「逃走線」（ドゥルーズ）をひくこととして探究するデイヴィス（Davies, 2014）は，「聴くことは影響されること（being affected）にオープンであること」だと述べている。そして学校を，創発的なリスニングの可能性を提供するコミュニティとして，「豊かな無限の変動」の可能性の場として描いている。

❹ リスニング・ペダゴジーにおけるケアと学び

リスニング・ペダゴジーとケアの倫理を基盤とする教育には，多くの共通点がある。レッジョ・インスピレーションの理論的実践的探究を牽引するグニラ・ダールベリとピーター・モスの議論を参照しつつ確認しよう（Dahlberg and Moss, 2005）。ダールベリらはレッジョの幼児教育をふまえて，幼児教育を倫理的実践の場として構想することを試みた。その際に依拠しているのが，バウマンの倫理学，レヴィナスの「出会いの倫理」，トロントらの「ケアの倫理」である。ダールベリらによれば，これらは，近代的な自立あるいは自律した主体という考えをとらず，自律と依存の二項対立を批判し，相互依存関係を歓迎する関係論的な倫理を構想した。そして「責任」「他性への敬意」「計算的で合理的な思考の拒絶」を特徴とするかたちで「他者（Other）」に関心を寄せた。レッジョのリスニング・ペダゴジーの概念と実践は，他者を多様で異なるものとして認識し，他者のことを聴こうとする。徹底的に聴くことによって，他者を把握するのではなく，他者を尊重しようとするものである。

ただし，ケアの関係とリスニングの関係には違いがある。ケアが「弱さ」に焦点化するのに対して，リスニング・ペダゴジーは子どもの「有能さ」や「強さ」に目を向ける。リスニング・ペダゴジーが相互依存性を前提とするにもかかわらず，ヴァルネラビリティよりも強さが強調されるのは，子どもが「欠如」において定義され不可視化されてきたからである。「子どもとする哲学（Pedagogy with Children）」を推進するカリン・ムリス（Murris, 2013）は，子どもの声，とりわけ黒人の子の声が聞かれないできた状況を，「認識論的不正義（epistemic injustice）」という言葉で説明している。認識論的不正義とは，人種やジェンダーに関わってミランダ・フリッカーが用いた言葉で，聞く（hear）側の偏見で相手が示している知識を看過してしまうことをいう。ムリスはこの概念を子どもへと拡張した。幼い子どもたちは，知識がなく，理性的でなく，未熟であるというステレオタイプで見られ，知的に信頼されないことによって，自らの知的能力に対する自信を失い，教育的な発達を妨げられてしまう。ムリスはそのような子どもの見方が，人権のディスコースや発達理論によってもたらされていることを指摘し，大人が心を開き，「認識論的な謙虚さ」と「認識論的な信頼」を持って「認識論的平等」にコミットする必要があると述べている。

レッジョの幼児教育は，子どもは「豊か（rich）」で「有能（competent）」だという前提から出発することで「認識論的平等」を志向しているといえよう。マラグッツィの次の言葉は，そのような見方そのものが，相互依存性を前提とすることによってこそ可能になっていることを示している。

> 我々の子ども像は，もはや子どもを孤立した自己中心的な存在とは見なさない。ただ対象と関わる行為だけを行う者とは見ないし，認知的な側面ばかりを重視もしない。感情や非論理的なものを矮小化しないし，情動的領域の役割を疎かにもしない。その代わりに，我々の子ども像は，可能性に満ち，強くパワフルで，有能で，何よりも大人や他の子どもたちとつながっているという点で豊かな存在なのである（Malaguzzi，1993）。

ここで否定されているのは，ピアジェの発達研究の通俗的な理解に基づく子ども像である。それに対してマラグッツィは，可能性とつながりにおいて豊かな子どもを見出している。リナルディもまた，「有能な子どもとは，そのような存在として眼差す大人がいる子どもである」と述べている。

リスニング・ペダゴジーでは子どもに「強さ」や「有能さ」が配分されるだけではない。教師が聴くという位相において，大人の側にヴァルネラビリティが配分されている。リナルディは，教師が「伝達機」であることをやめ，子どもとの世界と意味の「共同構築者」になろうとするならば，すなわちともに学ぶ存在になろうとするならば，教師は自分自身の「ヴァルネラビリティ」を認識しなければならないと述べている。この文脈で，ヴァルネラビリティが意味しているのは，「疑いや誤りを認め，驚きや好奇心を受け入れる」ことであり，それらは真に知り，創造するために必要なものであるとされる。ヴァルネラビリティを認めることで，教師は「力強い（powerfulな）」子どもにふさわしい「力強い」教師となり，学校は探究の場となる（Rinaldi，2006:76）。

このようなヴァルネラビリティと学びの関係は，フェミニズムの倫理学の探究と一致している。バトラーの議論を引き受けつつヴァルネラビリティの概念を倫理的リソースとする方途を探究したエリン・ギルソン（Gilson，2013）は，多様なヴァルネラビリティ概念の共通の意味を，開かれていること，とりわけコントロール不可能な方途で影響され（affected），影響する（affecting）ことに開かれていることを見出した。それゆえヴァルネラビリティは，学び，共感，繋がり，コミュニティの基盤であり，ヴァルネラブルであることによってのみ私たちは自分自身を超えることができるとされる。

ここでプリチャとマホの学びに戻ろう。日本語が十分ではないプリチャの学びと参加はマホのケアによって支えられていた。しかしながら，立方体の性質の探究は，マホがプリチャに教えるという関係ではなく，マホがプリチャの知性を信頼し，その思考に耳を傾けることによって成立していた。学びに着目するならば，マホとプリチャは，互いに自らをオープンに，ヴァルネラブルにし，相手の可能性を実現している。「聴き合う関係」とはこのように，倫理的かつ認知的な実践としての学びそのものである。

❺ おわりに

本稿は，新型コロナウイルスの感染防止のためにグループやペアの学びが抑制され，子どもの孤立による無力化が生じている教室の風景から考察を始めた。リスニング・ペダゴジーの観点から考察することは，その危機を際立たせる。その中核は，言語的であると同時に身体的・物質的な「聴き合う関係」にある。ソーシャル・ディスタンスは，「聴き合う関係」とそれが構成する「公共空間」，そして関係性に支えられた子どもの強さと有能さを破壊している。

感染防止をしながらも，聴き合う関係を構築し，子どもたちが関係性の中で学べる状況を作らなければならない。その際に，聴き合う関係は話し合う関係ではないという点に留意する必要がある。子どもが互いに視線と身体を向け，物質的な言語を用いれば，すなわち具体物の教材やワークシートが操作できれば，音声言語によるやりとりが抑制されてもある程度，視線で聴き合うことができるだろう。学校の閉校は可能な限り避けるべきだが，やむを得ない場合も，関係性を焦点化する必要がある。2021年3月にオンラインで開催された学びの共同体の国際カンファレンスでは，閉校中の取り組みとして，タイからは子どもたちが祖父母とともに学べるように課題と関係を工夫している事例が，メキシコからは戸外で地域のストリート・チルドレンが学びあう場をつくった事例が報告された。コロナ下での「聴き合う関係」の危機を深く認識しつつ，その再構築を模索していきたい。

参考文献

・秋田喜代美（2003）「レッジョ・エミリアの教育学」，佐藤学・今井康雄編『子どもたちの想像力を育む』東京大学出版会 , pp.73-92.
・浅井幸子（2019）「評価への「抗体」としてのドキュメンテーション」教育学研究 , 86（2）, pp.249-261.
・有井優太・今村健太・岩堀翔太・小俣海斗・渡部裕哉（2020）「コロナ禍における教師の心理状態並びに実態認識に関する調査報告書<速報版>」2020 年 9 月 14 日（https://www.schoolexcellence.p.u-tokyo.ac.jp/wp/wp-content/uploads/2020/05/965e1a8b62a673bef45d1042e6ec0030.pdf）
・佐藤学（2012）『学校改革の哲学』東京大学出版会 .
・佐藤学（2015）『学び合う教室・育ち合う学校』小学館 .
・佐藤学（2018）『学びの共同体の挑戦』小学館 .
・佐藤学監修，ワタリウム美術館編（2011）『驚くべき学びの世界』東京カレンダー .
・レッジョ・チルドレン著，ワタリウム美術館編，田辺敬子・木下龍太郎・辻昌宏・志茂こづえ訳（2012）『子どもたちの 100 の言葉』日東書院本社 .
・Dahlberg, G. and Moss, P.（2005）*Ethics and Politics in Early Childhood Education,* Routledge.
・Dahlberg, G., Moss, P. and Pence, A.（2013）*Beyond Quality in Early Childhood Education and Care*, Routledge.
・Davies, B.（2014）*Listening to Children*, Routledge.
・Gilson, E. C.（2013）*The Ethics of Vulnerability*, Routledge: New York.
・Malaguzzi, L.（1993）"For an Education Based on Relationships" *Young Children*, pp. 9-13.
・Murris, K.（2013）"The Epistemic Challenge of Hearing Child's Voice" *Studies in Philosophy and Education*, 32, pp.245-259.
・Readings, B.（1996）"*The University in Ruins*" Harvard University Press: Cambridge.（ビル・レディングズ著，青木健・斎藤信平訳 , 2000, 廃墟のなかの大学 , 法政大学出版局 .）
・Rinaldi, C.（1998）"The Emergent Curriculum and Social Constructivism" in Edwards, C., Gandini, L. and Forman, G. eds., *The Hundred Languages of Children*（*Second Edition*）, Ablex Pub，pp.113-126.
・Rinaldi, C.（2006）*In Dialogue with Reggio Emilia,* Routledge: London.
・Rinaldi, C.（2011）"The Pedagogy of Listening" in Edwards, C., Gandini, L. and Forman, G. eds., *The Hundred Languages of Children*（*Third Edition*）, Prager, pp.233-246.
・Schultz, K.（2003）*Listening*, Teachers College Press.

5　学童保育の現場から，子どもの生活保障を問う

大阪教育大学　福田　敦志

❶ はじめに

子どもの生活保障を問わねばならぬ情勢があるという現実。その現実に刻み込まれているであろう，看過できぬ問題は，如何なる視点をもってすれば浮かび上がらせることができるのか。その問題に如何に接近すれば，現実を変革する原動力を駆動させ得るのか。

「生活保障は，社会のグランドデザインが改められる時に必要な視点」であると，宮本太郎（2009）は指摘する。彼の指摘に依拠するならば，生活保障を問わねばならぬ情勢がある現実とは，「雇用と社会保障の関係そのものを，抜本的に再設計しなければならない時代に入っている」ことを意味する[1)]。

「社会のグランドデザイン」を描き直すにあたって宮本が提起した論点は，以下の3つに集約される。すなわち，①「大多数の人が就労でき，あるいは社会に参加できる」ような「排除しない社会」を描くこと，その際，②財の「再配分」のあり方のみを議論するのではなく，一人一人が「生活の張り合いを得る居場所」の確保，つまり「承認」の問題と合わせて議論すること，加えて③「ごく普通の人々が合意することができる生活保障のルール」の明確化，つまり社会契約の内実を如何に構想するか，である[2)]。

こうした問題提起は，2000年代後半の「貧困」や「格差」が鍵概念として語られる時代背景のなかでなされたものであるが，周知の通り，2010年代以降も生活保障を問わねばならぬ情勢は改善されていないといわざるを得ない状況が続いている。この状況に厳しく，かつ残酷な追い討ちをかけたのが，現在のコロナ禍である。新型コロナウイルスへの罹患経験が排除の契機となった事

例は枚挙にいとまがない。身体的な出会いの場が限定されることによって居場所の実感が曖昧になるばかりか，財の「再配分」にも多くの不具合が指摘されている。「ステイホーム」なる振る舞いを呼びかける立場にいる人びとの度重なる背信行為によって，規範も揺らぎ続けている。こうした状況は，宮本が提起した論点の妥当性を証明するものでもあるともいえよう。

しかしながら，それらの論点だけで「社会のグランドデザイン」を描き直すことは困難であろう。宮本の提起した論点からみいだしづらいのは，「大多数の人」に含まれない者への想像力である。コロナ禍は，社会的に弱い立場にある人びとをより一層苦しませる社会であることを顕在化させた。しかも，そうした社会的な弱さの属性は往々にして複合的である。複合的であるがゆえに必然的に個別具体的なニーズも複雑化するが，そうしたニーズの把握を放棄し，そのニーズに応答する側に都合のよいように解釈する政治が展開されてきたことも指摘されている[3)]。そうであるからこそ「社会のグランドデザイン」を描き直す場合には，社会的に弱い立場にある人びとの側からの構想力が発揮されるような思想と，それに基づいた行動が求められるのである。

本章では，この課題に挑戦するために，コロナ禍において学童保育の現場でなされた事実に注目する。2020年2月末に突然の「一斉休校」が発表されて混乱の極みにあった際，子どもたちの，またその保護者たちの支えとなり，居場所ともなったのが学童保育であった。この学童保育実践の内実に秘められた可能性と課題を，個別具体的な実践から社会を構想しようとするケアの倫理の観点から検討することを通して，子どもの側から「社会のグランドデザイン」を描き出す視点と方法に迫ってみたい。

❷ 学童保育実践の今日的展開

(1) 学童保育と公共性

学童保育とは，児童福祉法第一章総則第一条に掲げられた「全て児童は，児童の権利に関する条約の精神にのつとり，適切に養育されること，その生活を保障されること，愛され，保護されること，その心身の健やかな成長及び発達並びにその自立が図られることその他の福祉を等しく保障される権利を有する」ことを踏まえつつ，同法第二条③に示された「国及び地方公共団体は，児童の保護者とともに，児童を心身ともに健やかに育成する責任を負う」という規定のもと，同法第六条の三②において規定された「放課後児童健全育成事業」の一環として行われるものである。ここでいう「放課後児童健全育成事業」とは，「小学校に就学している児童であつて，その保護者が労働等により昼間家庭にいないものに，授業の終了後に児童厚生施設等の施設を利用して適切な遊び及び生活の場を与えて，その健全な育成を図る事業をいう」ものである。

当然のことながら，学童保育そのものは，法的に認知されるよりもずっと以前から行われてきた営みである。たとえば大阪の場合であれば，第二次世界大戦後に初めて学童保育を開始した1948年の今川学園の取り組みにまで遡ることが可能であるし，1966年には全国学童保育連絡協議会が結成されるほどにまで，学童保育の営みは全国的な広がりをみせていた。ただ，このような状況があったにもかかわらず，学童保育が法的に認知されるのは，1997年6月の「児童福祉法等の一部改正に関する法律」の成立を待たねばならなかった。この成立を受けて1998年4月よりようやく，学童保育は児童福祉法に位置づく事業となったのである。学童保育が国や地方公共団体が責任を負うべき事業として認知されるに至らなかった背景には，放課後の子どもたちの生活は私的領域に属する問題とされ，公的な課題として認知することが回避され続けてきたことが考えられよう[4)]。

学童保育の指導員や保護者たちは，こうした状況のなかではあったが，労働する権利を保護者たちが安心して行使できるようになるために，さらには何よりも子どもたちの生存権と発達権を保障するために，まさに手探りで学童保育の制度や施設の充実，内容と方法の充実を求めて，試行錯誤しながらも確かな歩みを進めてきたのである。

(2) 学童保育概念の深化，および子どもの生存権と発達権の保障

こうした実践の積み重ねに導かれながら，学童保育概念の豊潤化も図られて

きた。たとえば，近藤郁夫（2001）は学童保育を「親が安心して働くことができ，かつ放課後の子どもたちに豊かな放課後を創造していくために，放課後の子どもたちを対象に，豊かな放課後の生活を子どもたちとともにつくりだす中で，子どもたちに実りある学童期を保障しようとする目的意識的な働きかけの総体」としていた[5]。また，宮崎隆志（2011）は，生活や労働，学校といった生活の諸側面が相互に交渉しあって成立する場として学童保育をとらえつつ，学童保育を「働く権利と子どもの育つ権利の二者択一の強制や親としての『負い目』を強いる社会的圧力から解放するものとしての自由」や「生活の総体性を回復し得る新たな生き方を創造する自由」の度合いを地域のなかで高める（＝地域のケイパビリティを高める）実践として把握しようとしていた[6]。さらに久田敏彦（2011）は，生存権や労働権，発達権といった社会権保障の基盤としてとらえるとともに，学童保育に携わる人びとの「生き方」を問い直しながら，「子育てをめぐる市民的公共圏を形成する契機」として，さらには「物理的，存在論的，関係論的の三重奏で成り立つ場所」であるところの「ホーム」としてとらえながら，子どもたちの発達の保障を「生活の共同創造」という特質と関連づけながら実現しようとする目的意識的な働きかけとして，学童保育を把握しようとしていた[7]。このような学童保育に関する概念定義の試みに学ぶならば，学童保育の根幹には，放課後（夏季休業等，長期休みも含む）の時間と空間を舞台にし，子どもたちと大人たちとが「生きる」ことを中心におきながら，オルタナティブな（＝いまあるものとは異なる，もうひとつ別の）「生きるに値する」社会を共に創造していこうとする志向性があると考えることができよう。

学童保育のこうした志向性は，以下のような実践と研究の展開を導くこととなる。たとえば，学童保育における家族支援のあり方について宮崎（2011）は，「家族が家族として存立するために不可欠な依存関係の再構築の支援」を問うことを提起した。すなわち，当該の家族がどのような状況に置かれていたとしても，「第一義的責任を有する保護者が子育てに関わるケア機能を能動的かつ十全に発揮できる自由度を高める」ことが要点であると述べている[8]。

また，学童保育における発達保障を問おうとした二宮衆一（2021）は，今日の「資質・能力」論の隆盛と，深刻化する「子ども期の貧困化」という問題状況を重ね合わせつつ，学童保育における「生活づくり」実践の遺産を批判的に検討することを通して，「自らの思いや願いの表明を通して，子どもたちが自らの手で人間としての成長・発達を切り拓いていく『生活』の場を保障する」こと，そして，「『参加することが子どもの力になるような参加』にもとづく『生活』を子どもたちに保障」することが鍵となることを提起している9)。

これらはいずれも，保護者や子どもたちを保護の対象としてのみ位置づけることを越えて，保護者が子育ての主体であることを自己決定することを支えたり，子どもたちも保護者も「生活」そのものを創りだす主体として参加することを自己決定することを励ましたりする場として学童保育が立ち現れつつあることを示唆しているのである。

(3)「居る」と「居ない」／「見える」と「見えない」の媒介項

しかし，学童保育において，子育てや「生活」づくりの主体として保護者や子どもたちが立ち現れることは著しく困難であることを，コロナ禍は顕在化させた。たとえば，医療関係の仕事に従事する母親と「母一人・子一人」で生活する子どもの中には，「感染予防」のため休校期間中の外出を母親に禁じられ，学童保育に通えなかった例が少なくなかった。こうした子どもについては，母親のいのちに関する不安と，外出ができない不満を自らの身体に抑え込みつつ，疲労困憊して帰宅する母親に余計な気遣いをさせまいと「よい子」であろうと振る舞う中で心身に不調をきたしていった事例があることが，種々のところから聞かれた。こうした変調は，それが身体化した場合は，「助けて」という明白な徴として他者に受けとめられる可能性もあろう。だが気丈にも，あるいは健気にも「久しぶりに運動靴を履いたら，(足が大きくなっていて) 痛かった」と笑顔で語る子どもであったならば，その子どもの苦悩や葛藤は他者に気づかれることも，また自分自身で自覚することも困難になっていくであろう。

受けとめられたり言語化されたりすることのなかった苦しみや悲しみの感情は，自分自身よりもさらに「弱い」立場にある者をめざとく見つける力を先鋭化させる。それが，集団の孕む権力性や暴力性を強化していく場合があることは，教育や福祉の現場に身をおく実践家たちの共通見解ではなかろうか。しかもこの権力性や暴力性は，種々の特性や虐待等による傷に由来する敏感さがある子どもを過剰に刺激することによって，集団に蓄積された攻撃性を顕在化させることさえあろう。

こうした状況に鑑みるならば，「いま，ここに居る者」「いま，ここで見えているもの」のみに依拠する実践ではなく，「いま，ここには居ない者」「いま，ここでは見えていないもの」への想像力の発揮を可能とするような実践こそが求められていると考えることができるのではないだろうか。このとき，「居る」と「居ない」／「見える」と「見えない」を媒介する何ものかを生み出していく上で，ケアの倫理に基づいた実践をめぐる一連の動向が大きな手がかりを与えてくれると考えられる。なぜなら，ケアを問うことは，公的領域から忘却された存在の声に耳を傾ける行為に他ならないからである。

❸ ケアの倫理と学童保育実践

（1）現代社会におけるケアの倫理に基づく実践の光と影

ケアの倫理に基づく実践は，「具体的な他者を『傷つけないこと』，実際に被るかもしれない『危害を避けること』という一義的な要請のために，特定の他者へと向けられる」実践である。しかも人は「つねに他者とつながり，かつ，他者に依存するために，他者に応答されないことによって，傷つく存在である」ことを前提するがゆえに，ケアの倫理に基づく実践とは「具体的な状況のなかで発せられた他者からの声に応答する」責任を果たす実践に他ならない[10)]。

ところが岡野八代（2012）は，こうしたケアの実践は，「わたしたちに最も身近な存在のみとの関係性に留めて」おかれることによって，「その他の存在に対する無配慮，無視，無関心を正当化」すると主張する。この事態そのものが，岡野によれば，「母」たる存在に多くを負担させ，他の領域から隔離するような制度設計がなされていることの証左であるというのである。その結果として，公的領域ではケアを必要とする人は存在しないかの如く扱われ，ケアの実践の担い手たる，他者を「気遣う」人びとをも私的領域に閉じ込めることができたというのである[11]。

こうした制度設計を支える公私二元論は，岡野によれば，「ケアを中心に，不平等や格差が構築されていることを見えなく」させる。このことに気づくことができるならば，「既存の政治，既存の社会の中心」が，「ケア活動に関心がなく」「担わなくてもよく」「誰かにケアを押しつけておくことのできる」者たちの無責任さに覆われているという認識に至り得ることを，岡野は指摘する[12]。

これらの指摘を踏まえたとき，2020年2月末に「一斉休校」が提起された際，「昼間の子どもたち」のことを誰が，どのようにケアするのかについてほとんど議論されなかったことにも合点がいこう。学童保育があったからこそ，「利己的な自己実現に没頭するひとや，そうした人びとが交渉したり，紛争を解決したりする市場や司法といった領域もまた，存在できて」いたのである[13]。

ケアの倫理を重視するフェミニストたちはとりわけ，「ひとが育まれる・育む，労わられる・労るといった，心身をめぐるニーズ充足の関係性における実践こそが，政治の最大関心事のひとつとなることによってもたらされる平等を訴える」[14]。この指摘に依拠するならば，まさに学童保育実践のなかにこそ，現状を変革していく可能性をみいだすことができるといえるのではないだろうか。

(2) コロナ禍における学童保育実践―大阪の実践から

2020年3月，突然の休校措置に対する混乱と子どもたちの不安が広がるなか，マスクや消毒のための準備もほとんど整えることができず，加えて午前中からの保育に従事する指導員の確保もままならない状態で，学童保育の指導員たちはコロナ禍での実践に当たらざるを得なかった。そうした混乱のなかで，指導員たちは，行政の担当課や保護者会との率直な話し合いを積み重ねながら，保育実践にできる限り支障がないように条件を整えつつ，学童保育の日常の生活を創りだす実践を模索する実践が展開されていった。いくつかの例を以下に示す。

「学童保育での約束」を子どもたちと話し合ったときのことです。「『三密をしない』って約束に書いて」と四年生の子どもが言うので，「『三密』ってなにか知ってる？」と尋ねると，「知らん」。すると，「両手を広げて，くっついたらあかんねん」と一年生の子どもたちが説明してくれました。「それも一つやな」と「三つの密」について説明し，「みんなが『いつでも守る必要がある』と思ったら約束に書くけど，両手を広げてぶつからないように遊ぶことってできるかな？」と尋ねると，皆が口をそろえて「無理～」。

そこで「約束」には加えずに，「横に並んで座る（お弁当やおやつ）」「あまり近づかない」「こまめに手洗いとうがいをする」「1クラス25人まで。26人目からは別の部屋で過ごす」「マスクをつける」という約束をあらためてたしかめあいました[15)]。

ここには，当たり前のことが当たり前のようになされている日常が描かれている。コロナ禍だからこそ，「みんなで決めて，みんなで守る」という日常がくり返されているのである。また，

　新1年生は，1～6日登所しただけでお休み協力になった子や，週1・2回登所の子が半分近くいて，保護者が「再開後ついていけるかしら」と感じたり，子ども自身が慣れない中，朝の登所前に不安を感じたりしていました。そこで，休んでいても少しでも学童を身近に感じられるようにと，「おり紙で作る地域を明るくする壁面作り」や「みんなの手形でつなぐ手づくり鯉のぼり」を学童保育の軒下に設置。家で作ったおり紙や手形をもって散歩がてら学童に足を運んでもらう機会をつくりました[16)]。

ここには，まさに「いま，ここに居ない者」への想像力が子どもたちのあいだで発揮され，「居ない者」をめぐる種々の思いが具体的な形として現れるような工夫が生まれている。この取り組みは，学童保育施設の場を共有地とする，指導員と子どもたちと保護者たちとの新たなる「common」を生み出しているともいえるのではないだろうか。

ここでいう「common」は，子どもたちはもとより，保護者やひいては指導員たちの不安や焦燥といった，負の感情を共同で受けとめ，共同で乗り越えようと知恵を絞ろうとすることによって生まれた「common」である[17)]。

（3）ケアの倫理に基づくケア実践の更新可能性

The Care Collectiveという集団が2020年に著した“The Care Manifesto”（『ケア

のマニフェスト』）は，「日常的なケアニーズを対象としたプラットフォーム型市場の拡大」によって，健康や教育などを対象とする「伝統的な非市場領域に市場論理を植え付けることで，共同体のケア資源やケア能力を弱体化させている」と指摘する。しかも，ケア提供者として雇用されている人びとの能力は，「継続的な搾取，人員不足，低賃金，時間的な制約，不十分なまたは存在しない雇用保障，トレーニングやサポートの不足によって，著しく低下」している。加えて，「人よりも利益を優先する文化」「個人に焦点を当てた社会的・政治的状況」によって「排除と憎悪を共通のアイデンティティ」とするコミュニティが生み出され，「警察や監視への投資に重点を置く」ようにさえなってきた[18)]。

こうした事態を乗り越えるに当たって，「相互扶助，公共空間，資源の共有，コミュニティでの生活の間にある深い相互関係をいっそう強化」することが鍵となることが指摘されているが[19)]，こうしたことは既に学童保育実践が取り組んできたことである。しかも大阪においては，子ども集団，指導員集団，保護者会のそれぞれの次元での話し合いが相互に関連づけられているだけではなく，大阪学童保育連絡協議会のイニシアティブによる行政を含めた複数の次元での話し合いが継続的に接続されることによって，学童保育実践が明確な課題として自覚される可能性を秘めた地域へと変わりつつあるのである[20)]。しかもここで特筆すべきことは，こうしたオルタナティブな社会を構想し，構築していく担い手として，子どもたちが位置づいていることである。

もちろんこのことは，子どもたちに狭義の政治参加を強要しようとしていることを意味しない。そうではなくて，子どもたちが他者と共に「生きるに値する」学童保育の生活を創りだそうとする営みが，「生きるに値する」社会を創りだす営みと接続されているのである。

❹ 学童保育実践を通した「生きるに値する」社会形成への挑戦

（1）学童保育実践における「common」の形成

学童保育は，遊びの場所だけが提供された上で「放し飼い」にされているような場所ではなく，ましてや特定のマニュアルに沿って用意されたサービスを子どもたちが享受する場所でもない。学童保育の現場においては，「新入生を迎える会」や夏休みのキャンプなども，実施されるか否かに関しては子どもたちとの共同決定に委ねられており，各活動の内容もまた，子どもたちの共同決定によって選び取られていくのである。

このことは，コロナ禍においても例外ではない。「コロナ禍だからこそ，キャンプを諦める」のではなく，「コロナ禍の現在であっても可能なキャンプは如何なるものであり，どうすれば実現し得るのか」を子どもたちは探求するのである。この過程において厚労省や自治体が出しているガイドラインの分析を子どもたち自らが行い，「コロナ禍だからこそ，安全のことを考えてキャンプの実施に尻込みする」保護者や指導員の説得に当たろうとさえする。このようないわば「会議する文化」ともいうべき文化，換言するならば「自治する伝統」が，それぞれの学童保育施設において根づいている事実は特筆に値しよう[21)]。

この「会議する文化」にあっては，自分たちが実施したい活動を実現するためには配慮が必要であることを，子どもたちは具体的な活動を通して学ぶこととなる。たとえば，「Sケン」と呼ばれる集団遊びを楽しむためには一定数以上の子どもの参加が必要であるが，その人数を確保するためには1年生であっても安心して参加できるようなルール変更や特別な配慮を考慮せざるを得ない。すなわち，学童保育実践において展開される「会議する文化」は，子どもたちにとって「自治する」営みであると同時に「ケアする」営みでもあるのである。

しかもこうした一連の取り組みは，学童期を生きる子どもたちにとっては，自分たちの集団にとってのねうちを吟味しながら活動していくという意味で，少年期の発達課題への挑戦とも軌を一にするものでもある。その意味で子どもたちは，自分たちの生存権と発達権を保障する仕組みや条件を，自分たち自身で構築していっているともいうことができるのである。

(2) 学童保育実践による「public」の顕在化と参加

子どもたちの放課後の生活は学童保育施設の「内」のみで展開されるものではない。その他にも校庭や自宅，塾や地域のスポーツクラブとその往復の経路，地域の公園等々で成り立っている。こうした構成要素に由来する種々の条件や制約によって大きな影響を被るのが，子どもたちの放課後の生活である。その生活を子どもたちにとって「生きるに値する」ものへとつくりかえていこうとするならば，それらの条件や制約に関する分析を行い，問題の所在を明確にしながら，変革の方針を立てる営みは必要不可欠となろう。

たとえば，コロナ禍においては，放課後に子どもたちが「満員御礼」となった地域の公園に遊びに出かけることによって，幼い子ども連れの母親たちから厳しい非難を浴びることは日常の出来事である。ここで地域住民の非難を受け入れて子どもたちに「我慢させる」ことを選ぶか，子どもたちの生存権と発達権を保障するために「知恵を働かせる」「自治する」方へと誘うかは，大きな分かれ道である。

ここで，公園が「満員御礼」になってしまうのは，子どもの遊び場を考慮に入れない，まさに私的領域のことを考慮に入れない都市計画の帰結であり，そのことによって，「公園で遊びたい」という共通の願いをもつ地域住民と学童保育の子どもたちとの不毛な対立を生んでいるとも考えることができよう。このことは，子どもたちの生活圏において，子育てがしやすく，かつ子どもたちが生きるに値する地域であるために，どのような条件が整備される必要であるのかを問うことでもある。学童保育の実践はまさに子どもたちの必要と要求の側から，こうした地域づくりの論点を提示可能なのである。このことは，「public」の顕在化ともいい得るものでもあろう。このことは，「研究と実践は運動と共にある」という古い命題を今日においてあらためて想起させるものではないだろうか。

(3) 子どもたちと共に「生きるに値する」社会の担い手として育ち合う

「自治する」ことと同時に「ケアする」ような営みに参加することを通して，子どもたちは自らの生存権と発達権を保障する条件と仕組みを共同的に構築しようとしてきた。この営みのなかで生み出されたcommonとしての時間と空間は，子どもたちが，自分のなりたい「もう一人の自分」に仲間との共同を通して迫っているともいえるであろう。

そうであるからこそ，先に紹介した学童保育施設の「手づくり鯉のぼり」の後に設置された「七夕飾り」のなかに，「英語（の塾）をやめることができますように」と書かれた短冊が目立つところに貼られているような事実が生まれるのである。また，子どもたちに「もう一人の自分」を保障するような時間と空間が生み出されているからこそ，保護者たちもまた，「もう一人の自分」が囁く語りを誰かに聞いてもらえることを期待しながら，子どものお迎えの際の少しの出会いを楽しみにしているのである。

学童保育実践は現状を無批判に受け入れ，現状に適応することを是として子どもたちや保護者たちに我慢を強いる営みではない。そうではなくて，いまあるものとは異なるもうひとつ別の放課後の生活を子どもたちや保護者たちと共同して模索する実践である。「いまあるものとは異なるもうひとつ別の」世界を構想する原動力は，一人一人の切実な願いである。この願いは，自分の存在を否定したり，自分の未来を諦めたりすることへと方向づける圧力に抗うなかで生みだされていくことを，学童保育実践もまた明らかにしてきたのである。換言するならば，学童保育実践を通してcommonを生み出す過程に参加することで，学童保育指導員たちは子どもたちと保護者たちに，そして自分自身に「もう一人の自分」を育み，その存在が語る願いを重ね合わせながら，「生きるに値する」社会を模索し続けているのではなかろうか。ここにこそ，「居る」と「居ない」／「見える」と「見えない」を媒介する鍵があるのである。

注

1）宮本太郎（2009）『生活保障――排除しない社会へ』岩波新書，pp. iv－vi参照。
2）同上書，p. viii参照。
3）ニーズ解釈の政治に関わっては，たとえば，岡野八代（2009）『シティズンシップの政治学――国民・国家主義批判＜増補版＞』白澤社，pp.206-216 参照。また岡野は，「福祉に頼らざるを得ない，シングル・マザーのニーズは，実際に彼女たちに何が必要かという視点からではなく，社会にとって彼女たちが重荷にならないようにするためには，何を，どれだけ与えるかといった視点から決定してきた」だけでなく，そのような女性たちを「機能不全に陥った家族の母と位置づけることで，社会的なアイデンティティさえ強要してきた」としている。ジョアン・C・トロント著，岡野八代訳・著（2020）『ケアするのは誰か？―新しい民主主義のかたちへ』白澤社，p.79 参照。

4）学童保育が「放課後児童健全育成事業」とされ，放課後の子どもの「保育」とは称されていないことも，その問題が継続していることを示唆していよう。
5）近藤郁夫（2001）「学童保育実践の構造と課題」学童保育指導員専門性研究会編『学童保育研究』第1号，かもがわ出版，p.67参照。
6）宮崎隆志（2011）「学童保育実践の展開論理―人が育つコミュニティへの展望」日本学童保育学会紀要『学童保育』第1巻，p.11，p.15参照。
7）久田敏彦（2011）「『学童保育』理解の視点の多重性」日本学童保育学会紀要『学童保育』第1巻，pp.29-36所収参照。
8）宮崎隆志（2021）「『大きな家族』としての学童保育から地域づくりへ――学童保育における家族的ケア機能の拡張――」日本学童保育学会編『学童保育研究の課題と展望』明誠書林，pp.49-62所収参照。
9）二宮衆一（2021）「今日の子どもたちの発達保障と学童保育実践」日本学童保育学会編『学童保育研究の課題と展望』，明誠書林，pp.191-207所収参照。
10）岡野八代（2012）『フェミニズムの政治学――ケアの倫理をグローバル社会へ』みすず書房，p.157参照。
11）ジョアン・C・トロント著，岡野八代訳・著（2020）『ケアするのは誰か？―新しい民主主義のかたちへ』白澤社，pp.102-103参照。
12）同上書，p.111参照。
13）同上書，p.137参照。
14）同上書，p.138-139参照。
15）川崎みゆき（2020）「子どもや保護者を守り，社会の機能を支える一翼として」全国学童保育連絡協議会編『日本の学童ほいく』第541号，pp.11-12。
16）大阪学童保育連絡協議会（2020）「おおさかの学童保育」第323号，2020年6月4日の記事。
17）ここで生み出された「common」を維持し，発展させていくためにも，キャンプや行事等の「ハレ」の活動の計画や実現に共同で取り組んだり，食事や清掃はもちろん，公園等での遊びの計画といった「ケ」の活動に取り組んでいたりすることは指摘するまでもない。
18）The Care Collective（2020），" The Care Manifesto ", Verso,pp.12-17.
19）Ibid,p.54.
20）大阪学童保育連絡協議会「緊急提言 新型コロナウイルス感染症への対策を強化し安心・安全で，楽しい学童保育が保障されるための『5つの提言』」2021年1月25日（http://gakudou-osaka.net/wp/wp-content/uploads/2021/01/2021_5-teigen.pdf）参照。
21）清水結三著・福田敦志解説（2007）『荒れる子どもとガチンコ勝負―子どもと育つ学童保育指導員』フォーラム・A参照。また，「会議する文化」については，福田敦志（2015）「六年かけて子どもを育てることへの挑戦」日本学童保育士協会編『学童保育研究』第16号，pp.8-21所収参照。

II

COVID-19 下の教育課程と授業づくり

1　ウィズコロナ，ポストコロナ時代の学校での学びの展望と課題

―「今，ここにいる，私たちの学び」を求めて―

名古屋大学　**柴田　好章**

❶ はじめに

2020年からの新型コロナウイルス感染症（COVID-19）の拡大によって，我々の社会，生活，そして教育は大きな影響を受けてきた。現時点（2021年5月）において，コロナの克服にはまだ時間がかかると予想され，ウィズコロナの生活が続いている。我が国の感染状況には波があるものの，第1波，第2波，第3波，第4波と時間を経るごとに，波の間隔（時間間隔）は狭くなるとともに波の高さ（感染者数）は高くなり，感染拡大がおさまる様子はない。この拡大を抑えると期待されるワクチンの普及は他国よりも遅れており，医療従事者に続いて高齢者への接種がようやく始まりかけたところである。

コロナ禍の1年余，我々はこれまでにない危機を経験してきた。医療従事者の懸命な働きにもかかわらず，高度な治療を必要とする患者の急増により医療機会が逼迫し，一部の地域で危機的な状況が起きた。経済への影響も多大であり，特に，飲食業や旅行業などの対人サービスでは失業や廃業が増えた。それでも，大企業正規雇用者は出向等でなんとか雇用が維持されたが，非正規雇用者には深刻な影響が及んだ。一方，金融緩和と財政出動により大量のマネーが金融市場に流れ込み，急激な株価上昇も起きた。「K字回復」といわれるように，一部の人々はコロナの中でも復調し経済成長の恩恵を受けたが，弱い立場の人々はますます深刻な状況に追い込まれた。社会の歪みや格差が顕在化し，それらの拡大が進行している。

コロナによって学校教育も大きな影響を受けた。教師と子どもが時間・空間を共有することを前提としていた学校は，2020年2月末から約3ヶ月間の休校

に追い込まれた。これまで当たり前だと思われていた学校に毎日通学する日常が，当たり前には実現しない状況をみせつけられた。学校再開後も遅れたカリキュラムを取り戻すため，また感染を防止するため，様々な学校行事の中止や縮小が続けられた。

このように，これまでのような教育活動が同じようには展開できないなかで，学校教育で何をどのようになすべきかがあらためて問われている。ウィズコロナ，ポストコロナにおける，学校での学びの価値が問われている。

❷ Society5.0の到来

情報通信技術（ICT）や人工知能（AI）の発展によって我々の社会は変容を続けており，今後も大きな変容を遂げていくことが予想される。そうした時代の変化に学校教育が追いついていけるのだろうか，あるいはあるべき時代の変化を学校教育から生み出していけるのだろうか。これらは，コロナ以前から存在していた問題である。しかも，ウイズコロナ，ポストコロナにおいて，ICTによる社会の変化は加速することが予想される。デジタルトランスフォーメーション（DX）が，コロナによって一気に活気付いている。

Society5.0は，Society1.0の狩猟社会，2.0の農耕社会，3.0の工業社会，4.0の情報社会に続くものであり，IoT，ロボット，AI，ビッグデータといった技術の進展が，社会の新たな基盤になっている。仮想空間と現実空間の融合が進むSociety5.0においては，人間の思考力を超えた判断がAIによってもたらされるようになる。（内閣府，2016）

Society5.0では，これまで人間が担ってきた職業の多くが，AIやロボットにとってかわられるという予測もなされている。例えば野村総合研究所（2015）は，601種の職業ごとにAIやロボットなどで代替される確率を計算し公表している。これによれば，10~20年後には，今の日本の労働人口の49％の職業は，AIなどに代替可能であるという。一方で，抽象的な概念を整理・創出するための知識が要求される職業，他者との協調や他者の理解，説得，ネゴシエーション，サービス志向性が求められる職業は，AIでの代替が難しいとされている。

Society4.0からSociety5.0への動きは，第4次産業革命と呼ばれている。これにより，これまで人間にしかなしえなかった思考や判断の一部は，テクノロジーによって代替あるいは補完されるようになる。AIの画像認識によって，自動車の自動運転や，ガンの発見など医療における診断も実用化が近づいている。状況によっては，AIによる問題解決を導く判断が，人間による判断よりも効率的かつ的確に行われるようになる。

もちろん，テクノロジーに代替されるからといって，AIによる判断が本当に適切といえるのか，最終的には人間の判断が試されることになる。そこでは，AIが得意とする正確さや効率のみならず，公正や正義といった倫理を含めた複合的な判断が求められる。正解がない問題に対して多角的・多面的に考察する学習を充実させる必要性は，Society5.0の教育のあり方を示している。ただし，p.83以降で述べるように，AIに代替されない能力の育成にばかり注力することには危険性もある。その問題に立ち入る前に，時代を30年ほど遡り，Society3.0から4.0への移行（第3次産業革命）について考えてみたい。

❸ 積み残されてきた学校教育の課題

Soceity5.0における教育のあり方を展望するには，その前に，積み残されてきた学校教育の課題に応じることを忘れてはならない。第3次産業革命による情報処理手段（コンピュータ）と情報ネットワーク（インターネット）の飛躍的発展によって，すでに情報社会（Society4.0）の段階で，我々は情報をいつでもどこでも手に入れることが可能になった。そのため，現代社会では情報や知識を所有していることよりも，情報や知識を活用し新たな価値を創造することに高い価値が置かれるようになった。

このような知識基盤社会の到来によって，教育界においても1990年代に「学校知」批判が展開された。すなわち，学校の中だけで通用し評価される知識や技能を習得させるだけでは学校の役割を果たしていない，という批判である。

一斉伝達と暗記，そしてテストによる総括的評価の偏重が主な論点であった。それに引きつづき，「生きる力」（日本）や，「キーコンピテンシー」（OECD）の育成が提唱されてきた。単なる知識の暗記にとどまらない，高次の思考力や，判断力や，表現力が重視されるようになった。それらに対応したカリキュラム，授業，評価の研究も発展してきた。ただし，学校教育の実態を全体的に俯瞰すれば，依然として暗記や反復に頼る学習がみられる。学校教育の課題が積み残されてきたのである。

知識を暗記しテストに対応できる能力は，産業（工業）社会（Society3.0）における定型的な業務に従事するために重要視される能力である。それは特に第2次産業革命以降に顕著になった大量生産に欠かせないものであった。

職人が材料から製品まで一人で組み立てるのとは異なり，大量生産では一つの大規模な組立ラインに多くの労働者が従事し，一度に大量の製品を生産するようになった。我が国では，明治維新後の殖産興業で工場による大量生産が芽生え，第二次世界大戦後の復興や高度成長の原動力となった。規格化された製品を絶え間なく生産するためには，一人一人の労働も規格化され，割り当てられる業務内容，手順，所要時間が標準化され，労働者はそれに忠実に従うことが求められる。組立ラインを休みなく動かし続けるためには，一つの役割を誰が担っても結果が同一でなければならない。これを支える労働者に求められるのは，他の労働者に交代しても支障のない規格化された業務をこなす能力であり，あらかじめ指示され覚えておいたマニュアル通りに振る舞うことのできる能力である。

このように組立ラインを動かし続けたのは，代替可能な労働力であった。生産過程のシステム化によって，職人に求められる熟達や創意工夫が発揮できる余地は，ごく一部に限られることになった。さらに産業の近代化を支えたこの生産モデルは，工場を超えて，サービス業や公的セクターにも，拡大された。個性，協働，創造よりも，効率，均質，画一が，人材育成に求められるようになったのである（なお，特に日本の高度成長を支えた生産システムでは，組立ラインの従事者たちが，生産効率をあげるためにチームで協働し，省察によって改善を不断に行ない，品質，効率，安全性の向上に寄与してきたことにも留意すべきである)。

以上に述べたような，効率，均質，画一を価値とする教育は，行動主義の学習理論と親和性が高く，刺激に対する反応の強化のために反復練習やドリル学習やペーパーテストが多用される。社会で必要とされる知識や技能が変化しない定常状態を維持・拡大するためには，こうした学習方法は有効であっても，新たな変革や予測不可能な将来への備えには不十分である。

くわえて，情報化により「いつでも，どこでも，どこからでも」情報が手に入るようになったということは，学ぶのは「今でなくても，ここでなくても，あなたからでなくても」かまわないことを意味する。情報を伝達するだけでは，学校教育の価値は相対的に低下していく。すなわち，情報化の以前の社会であれば，学校は他にはない学習に関する施設・設備が整い，多様な領域の知識を体系的に教授する教師が存在していた。学校は文化資本が集積した地域のセンターであり，学校で学ぶことの価値は自明であった。しかし，インターネットの出現により学校以外の学習機会が増大したことで，知識を得るだけであれば，学校に行くことの必要性は揺らいでいる。もちろん，「いつでも，どこでも，どこからでも」学べることは，生涯学習の理念からすれば歓迎すべきことである。しかし，自明であった学校の役割が問われるようになっている。学校ならではの学びとして〈今，ここにいる，私たちの学び〉の実現を目指し，納得感や充実感のある協働の学びを実現する必要がある。画一的な情報を一斉に伝達するだけであれば，学校は時代の要請に応えることはできない。

しかし，学校が担ってきた役割はそれにとどまらない。むしろ，互いの感情や考えを交流し，自他の違いを学習の発展の契機にするために集団で学び合うことこそが学校の役割であろう。持続的な学級経営により児童・生徒間の人間関係を構築し，安心して自己開示や表出ができるようになることが，学校ならではの学びを実現する。つまり学校は，〈持ち帰り型〉から〈持ち寄り型〉へと学びの質を発展させる必要がある。情報を持ち帰るだけであれば，学校に来る必要性は揺らいでいる。互いの考えを持ち寄ることで質の高い学びが実現する。

このようにみると，学校教育においてはSociety 3.0から4.0へと移行する際の“宿題”が未完のまま，Society5.0の到来を迎えようとしている。授業改善の努力が続けられその成果もみられるが，納得感や充実感のある協働の学びの実現にむけ，さらに授業改善を求めていく必要がある。つまり，〈今，ここにいる，私たちの学び〉の実現は，以前からの学校教育の課題であり，そこにSociety5.0への移行に向けた課題や，コロナ危機による課題が上乗せされている。今，我々はこのように積み重なった課題に直面している。

❹「AI に負けない人間性を育てる」ことをめざせば良いのか？

Society5.0への移行に向けた教育の課題を展望した論説や言説をみると，AIと人間の関係性に触れながら，「AIに負けない人間性を育てる」「AIにない人間ならではの強みを育てる」などと，教育のあり方を論じているものをみかける。例えば，文部科学省（2018a）のタスクフォースの報告書では，以下のように述べられている。

> 現実世界を意味あるものとして理解し，それを基に新たなものを生み出していくことは，AIによって代替できない人間ならではの営みであり，AIの活用分野が爆発的に広がっていく新たな時代においてますます重要となる。自然体験やホンモノに触れる実体験を通じて醸成される豊かな感性や，多くのアイデアを生み出す思考の流暢性，感性や知性に基づく独創性と対話を通じて更に世界を広げる創造力，苦心してモノを作り上げる力，新しいものや変わっていくものに対する好奇心や探求力，実践から学び自信につなげていく力などが重要である。(pp.7-8)

こうした主張には，AIなどの技術には代替不可能な人間性を再評価しようという意図がみられる。人間中心，人間性尊重の価値観の現れといえよう。あるいは，AI中心社会や人間疎外への警戒感や不安感の裏返しであるかもしれない。

しかし，いずれにしてもAIに対比して人間性を捉えようとする時点で，すでに人間性が脅かされているのではないだろうか。さきにAIの正確さや効率にはない，公正や正義といった倫理を含めた複合的な判断が人間には求められると述べたが，これも含めてAIと対比して人間性をとらえようとする考えで果たして良いのかについても，批判的に検討しておかなければならない。

たしかに，今後AIで代替される職業は，労働市場では生き残ることはできないであろう。自動運転技術の実現によって，自動車の運転手という職業は存在しなくなるかもしれない。人材育成の観点からは，そうした時代にあってもなおも残るであろう職業や，新たなニーズが生まれる職業にシフトしていくことが重要である。そして，需要が見込める職業に必要とされる資質・能力を育成することや，今後のイノベーションを支える人材を育成することが，目の前の子ども達の将来の生活の糧を確保できるようにするために必要なことであるようにみえる。これは，現実的な課題である。

しかし，AIが発達したこれからの社会の中で，AIに代替されないあるいはAIに負けないことが学校教育の使命の中心になって良いのだろうか。多様性や個性を重視するといいながら，イノベーティブな人材か，そうでなければ過剰なスマイルを要求されるストレスの高い感情労働を担う人材かに，子どもたちを追い込むことにならないか，それでよいのか。AIに職を奪われた人々が，残された少ない職をめざして，ひしめき合うような社会を我々は望んではいない。より幅広い人間形成の視野から，人々の健康，幸福，福祉，文化をもとに教育のあり方を構想し，その意義や機能を包括的に再評価していく必要があろう。

ところで，週一回以上ジョギングやランニングを行なっている成人は，5.3％（男性：7.8％，女性：2.8％）という調査結果がある（笹川スポーツ財団，2018)。その一部には，アスリートとして走ることが生活の糧になっている少数の人も含まれているだろうが，大部分は健康の増進や自分の生活の充実のためにスポーツを楽しんでいると思われる。これほど自動車が普及した現在の社会においても，決して自動車よりも速く走れない人間が，速く走ろうと努力していることは，何ら不思議なことではない。むしろ，自動車に負けないように走っているとしたら，ナンセンスである。これと同様に，テクノロジーに代替されない人間性，あるいはテクノロジーに負けない能力を過度に要求する必要はない。

今後の社会を占うことが本稿の目的でもなく，また筆者にその力もないが，一つの仮説として，今後AIが発展する中で，今のように人間が働く必要がなくなった社会を仮定してみる（もちろん，情報化によって多忙になったように，逆の予測も成り立ちうる）。AIやロボットなどのテクノロジーが発達した社会では，人間の労働にも大きな変化がもたらされ，教育の役割も再考せざるをえない。職業は収入を得るための手段だけであり，労働市場の中で少ない職を巡って人は過当競争を強いられる。そこで打ち勝つことを教育の課題とするならば，この過当競争に煽られ，ますます競争は激化する。過当競争は必然的にそこから振り落とされる人々を生んでしまう。それでも，お金の問題であれば社会的に解決することも不可能ではない。生活に最低限の収入を分配するベーシックインカムの制度や類似する社会制度を導入すれば，富の再分配によって生活の糧を保障することはできるかもしれない。しかし，それで我々は幸せに暮らしていけるのか。職業は富を分配してきただけでなく，労働を通じた社会参加の機会も分配してきたのである。つまり，生きがいや自己実現を実感するためにも，労働は人間にとって意義のある営みである。労働による生きがいの分配機能が弱まるとしたら，それを何で補うのか。

生きがいの再分配の鍵は生涯学習である。収入のためでもなく，与えられた課題に答えるためでもなく，豊かな人生のために学び続けることが大切にされなければならない。質の高い学びとは，これからの社会に必要となる知識・技能，思考力や判断力などの資質・能力を身につけるためだけにあるのではない。人と関わりながら，納得がいくまで深く学ぶことは，人として生きていることの意味を実感させる。学ぶことの価値は，それが生活の糧に結びつくという交換価値だけに止まるのではない。学ぶこと自体に価値が内在しており，わかる喜び，関わる楽しさは，豊かな学びの経験によってもたらされる。

こうしてみると，長い人生の中で学校で学ぶ期間の重要性が，あらためて浮き彫りになる。学校を終える段階で，どれだけ豊かな学びの経験をしているかが，その後の人生の豊かさに直結する。生涯学習，そして生涯スポーツのためには，学校を出るときに，少なくとも勉強嫌い，運動嫌いの子どもにしてはならない。成人の過去1年間の生涯学習機会へのアクセスは58.4%にとどまっている（文部科学省，2018b）。学校において多くの課題が与えられ，それに応ずることが期待され続けることによって，豊かな学びの経験が奪われ，学ぶこと自体に内在する価値から遠ざけられているとしたら，学校の存在は有害である。〈今，ここにいる，私たちの学び〉による豊かな学びの経験を，子どもたちに保証することが求められる。

❺ コロナによる学びの時間と空間の再構築

コロナで学校が休校になった3ヶ月間，当たり前に学校に通う日常が突然に当たり前でなくなり，子ども，教師，保護者は大いに戸惑いを感じた。この衝撃は，あらためて学校のある日常のありがたさを実感させることにもなった。

学校休校中は，子どもたちの学びを止めないためにさまざまな工夫がなされた。その一つとして，一部ではICTを活用した遠隔授業の実施が試みられた。情報の伝達や教育コンテンツの提供においては，ICTの利用が有効である。しかし，各家庭のICTの環境によって授業配信が見送られた学校も少なくなかった。パソコンやタブレット端末の確保や，データ通信の環境の整備の他にも，家庭内で落ち着いて学習できる環境が用意できるかによって，家庭での遠隔授業の実施可能性は左右される。国ではGIGAスクール構想を前倒して，1人1台の学習用端末（タブレットなど）の整備が急速に進められた。中教審の新しい時代の初等中等教育の在り方特別部会（文部科学省，2020）も，ICTを整備することの必要性をメッセージとして訴えかけていた（2020年4月）。また，このメッセージでは，ICTを普及させたとしても全てが代替されるわけではなく，「人との関わり合いや対話などじかに触れ合うことでしか得られない様々な気付きが人を育てる」ことを重視していた。すなわち，〈今，ここにいる，私たちの学び〉として，時間と空間を同一にするからこそできる学びを，学校教育は追求しつづけることが大切だということである。

しかし，再開した学校ではそれは容易ではなかった。理由として第一に，「三密」回避のために，児童・生徒が密接に関わり合うような学びが難しい状況となった。協働的な学びのためのグループ学習やペア学習など，子ども同士が深く関わり合いながら学ぶ活動に制限がかけられた。第二に，短縮された時間の中で休校中の遅れを取り戻すために，定められたカリキュラムをこなすだけで一杯になりがちになった。時間をかけて一つの問いを学級全体で深めるような学びを十分に行うことが難しかった。第三に，「三密」回避のための様々なルールに象徴されるように，子どもに対する教師からの指示が増えがちになった。コロナの感染防止のために必要な対策であるが，結果として子どもたちは定められたきまりに受動的に従わざるを得ないことが増加し，主体的に判断することが減少した。

筆者は，2020年5月下旬に学校が再開し，しばらくして9月ごろより，授業研究に参加するようになった（授業研究会を中止にした学校もあったが，筆者が関わった学校では，公開研究会を校内研究会に縮小したり，時期を延期したりするなどして，なんとか開催するケースが多かった）。いくつかの学校の観察を通して，以上に述べたようなコロナの影響を感じるとともに，それをプラスに転じさせようとする教師や子どもたちの姿も観察した。

学校行事が残念ながら中止になったケースも少なくなかった。しかし，修学旅行を中止にせざるを得なかったある中学校では，宿泊は学校で行い，市内の様々なところへ出かけて地域の人々と関わりながら学ぶ代替行事が行われていた。これは，生徒の意見を取り入れながら，教師と生徒がともに作り上げた宿泊行事であった。生徒が主体的に判断できる場面をできるだけ増やすとともに，そこに地域の方々の協力を学校が取り込んでいった好事例といえる。また，運動会を中止にせざるを得なかったある小学校では，高学年の児童が中心になって，運動会と違い保護者などが参加しない校内のイベントを企画した。総合的な学習の時間では，その企画のために子どもたちが調査し討議していた。「運動会ができなかったので，そこで行うはずであった種目を行いたい」という考えや，「いつもの運動会とはちがって紅白の縦割りをなくしたほうがよい」という考えが出され，活発に話し合いが進んでいた。下級生への思いやりとともに，自分たちにとってもよい思い出を作りたいという児童の願いが追究を支えていたと考えられる。

また，意見交流の機会を補うために，教室内で一人一台のタブレット端末を活用している事例も観察された。ある高等学校では，ICTによる協働学習を支援するソフトウエアを利用して，生徒それぞれの意見をクラウド上の仮想空間で共有していた。またある中学校では，クラウド上の表計算シート（スプレッドシート）をリアルタイムで共有し，生徒全員が自分の考えを書き込み共有していた。これによって生徒は自分の考えを書き込みながら，他の生徒が書き込む内容を読むことができる。さきに，情報の伝達においてICTが適している点を指摘したが，それに加えて協働の学びを促進するためにもICTには大きな可能性がある。同様のことを従来の紙で行うのに比べて，回収・編集・印刷・配布の手間がなくなり，教師の労力の軽減にも寄与する。

さらに，ICTを活用することで，コロナで難しくなった地域や校外の人との触れ合いを実施している例もみられた。ある中学校では，通常であればゲスト講師として教室に招くかわりに，地域おこしの活動を行なっている若者の考えを，Web会議によって生徒が聞き取っていた。別の中学校でも，Web会議を用いて，生徒が自分たちの考えを地域の人々や有識者に発表し，感想をもらっていた。また，高等学校でも，キャリア教育の一環として総合的な学習の時間で実施されている職業に関するインタビューをWeb会議で行っていた。生徒が現地を訪問して対面でインタビューすることはできなかったが，通常では難しい遠隔地にいる人との交流もできていた。3ヶ月間で休校が解除され，結果としては学校と自宅を繋ぐ遠隔授業としての利用は少なかったものの，授業でのWeb会議の利用はコロナをきっかけにして広がりをみせている。

以上のように，コロナがもたらした影響は大きく，「主体的・対話的で深い学び」にむけた授業改善や授業研究にも負の影響は免れなかったが，教師からの一方向の伝達型の授業をよしとせず，コロナ禍の最中にも豊かな学びを求めようとして努力した教師や子どもたちの姿もみられた。

これは，日本の学校だけではない。日本よりも長期間にわたる学校の閉校を余儀なくされたインドネシアにおいても，一方的な課題が与えられるだけなく，生徒同士が協働して探究する学びが展開されている。学校の閉校中に情報ネットワーク環境が不十分な家庭や地域で，近くに住む生徒が集まりプロジェクト型の学習を実施し，教師が定期的にグループを訪問指導している事例が報告されている（ヘンダヤナ，2021）。

コロナ禍により時間と空間を共有する〈今，ここにいる，私たちの学び〉の前提が一時的に困難になったが，困難になったことでかえって学校が保証すべき豊かな学びの経験の必要性を再認識する機会になった。困難な状況の中でも，協働や探究といった質の高い学びへの希求は続けられ，さまざまな教育実践上の工夫が模索されてきた。

❻ ウィズコロナ，ポストコロナ時代の学びのあり方

コロナのパンデミックにより，今までと同じことがこれまで通りに行えないため，必然的に変化が要求されている。その際，弱い立場の人々に悪い影響が出やすいことを認識し，最小限にこれを止める努力をしなければならない。その上で，移行期において，何を変えて何を残すのかを適切に判断することが極めて重要となる。事柄の表面だけに流されてしまえば，残すべき価値の本質を見失い，大切なものを知らないうちに手放していることになりかねない。

これまでみてきた事例からもわかるように，豊かな学びの経験を保証することが，コロナに対応しつつSociety5.0を迎える我々にとっての課題である。児童・生徒の固有の意見や考えを持ち寄り，協働しながら互いの考えを磨き合い，新しい知識を創造することに学校の存在意義はある。自ら学ぶ，共に学ぶ，お互いから学ぶという豊かな学びを，どの子どもにも保証することを追求すべきである。いかに社会が変化しようとも，〈自ら問う〉ことが教育の本質である。

たとえ一斉伝達型の講義であっても，優れた教師の語りには〈問いかけ〉が含まれており，学習者との対話が成立している。一方，いくらアクティブ・ラーニングの技法を取り入れても，〈問い〉が学習者自身のものになっていなければ，課題をさせられているだけであり，豊かな学びの経験にはつながらない。

コロナの一刻も早い終息を願わぬ人はいないであろう。ワクチンへの期待も高まっている。しかし，すべてをワクチンに頼りきることはできるのであろうか。今後も起こりうる変異種に対するワクチンの有効性や，ワクチンがもたらす未知の副反応にも注意をしなければならないであろう。ウィズコロナは当分の間続くであろうし，ポストコロナになっても，コロナ前の生活に完全に戻るとは思えない。一つの万能と思われる解決策に全面的に頼ろうとするのは，人間の弱さの現れかもしれないが，辛抱強くその時その場で多様な要因の関連を考慮しつつ，将来を見通したより賢明な選択を考え続けることが肝要である。変化への過重な期待感には警戒が必要である。例えば，コロナ禍の中で，学校教育も含め社会のデジタルトランスフォーメーション（DX）を一気に加速させようとする風潮がみられる。たしかに，先に述べたように，持ち帰り型の一斉伝達を補完するにはICTは優れているし，持ち寄り型の協働の学びのためにもICTの利用は可能性がある。しかし，それだけで全てが解決するのではない。一人一台タブレット端末の導入を始めとするDXへの期待は新たな時代への希望なのか，あるいは現実の痛みから目を逸らすための熱狂や幻覚なのか，冷静に見極める必要もある。コロナで失ったものや不満や不安にも目をそむけず，向き合うことが求められている。

ウィズコロナやポストコロナにどう向かうのかも，子どもと共に考えたい。子ども自身の問いとして，ウィズコロナ，ポストコロナの社会をどう生きていくかを考える機会として，〈今，ここにいる，私たちの学び〉の内実を豊かにすることが求められている。

参考文献

・笹川スポーツ財団（2018）「スポーツライフに関する調査報告書」https://www.ssf.or.jp/thinktank/sports_life/data/jogrun_9818.html（2021年5月1日閲覧）。
・ヘンダヤナ, S.（2021）「インドネシア2013年カリキュラムの特徴と展開」，カリキュラム研究，30，pp.57-71。
・内閣府（2016）「科学技術基本計画」，2016年1月22日閣議決定，https://www8.cao.go.jp/cstp/kihonkeikaku/5honbun.pdf（2021年5月1日閲覧）。
・野村総合研究所（2015）「日本の労働人口の49%が人工知能やロボット等で代替可能に ～601種の職業ごとに，コンピューター技術による代替確率を試算～」ニュースリリース，2015年12月2日，https://www.nri.com/-/media/Corporate/jp/Files/PDF/news/newsrelease/cc/2015/151202_1.pdf（2021年5月1日閲覧）。
・文部科学省（2018a）「Society5.0に向けた人材育成～社会が変わる，学びが変わる～」，Society5.0に向けた人材育成に係る大臣懇談会，新たな時代を豊かに生きる力の育成に関する省内タスクフォース，2018年6月5日，https://www.mext.go.jp/component/a_menu/other/detail/__icsFiles/afieldfile/2018/06/06/1405844_002.pdf（2021年5月1日閲覧）。
・文部科学省（2018b）「生涯学習に関する世論調査」，https://www.mext.go.jp/b_menu/shingi/chukyo/chukyo2/siryou/__icsFiles/afieldfile/2018/09/12/1408975_1.pdf（2021年5月1日閲覧）。
・文部科学省（2020）「全国の学校教育関係者のみなさんへのメッセージ」，https://www.mext.go.jp/b_menu/shingi/chukyo/chukyo4/houkoku/1382996_00005.htm（2021年5月1日閲覧）。

2　ウィズ・コロナ禍の理科授業から考えるポスト・コロナ禍の教育

北海道大学　**大野　栄三**

❶ ウィズ・コロナ禍が引き起こした２つのこと

COVID-19は社会のすみずみまでウィズ・コロナ禍に変えてしまった。日常生活が，新型コロナ・ウイルスに感染する危険とそれへの対策を前提として営まれることになった。ウィズ・コロナ禍の緊急事態へ対処する中で，理科教育に何が起こったのか。そして，ポスト・コロナ禍を見通して検討しなければならないことは何か。これらについて論じることが本稿のテーマになる。

本稿では，ウィズ・コロナ禍が引き起こした2つのことに着目する。一つはGIGAスクール構想の前倒しである。これによって，短期間で学校にICT（information and communication technology）が本格導入されることになった。二つ目は，コロナ禍の緊急事態で長期間の休校を余儀なくされた結果，遠隔教育が通常の学校教育に入り込んだことである。

次節で，プレ・コロナ禍からウィズ・コロナ禍における理科教育について紹介し，遠隔教育が通常の学校教育に入り込んでいる現状を述べる。第3節で遠隔教育の定義を簡単に整理し，遠隔教育における教師，学習者，教材の間の相互作用の形態，遠隔教育における理科の実験・観察について述べる。そして第4節で，ポスト・コロナ禍の理科教育を推測する。

❷ 通常の学校教育に入り込む遠隔教育

本節では最初に，コロナ以前から北海道の小規模高校を対象に展開されている遠隔教育について述べる。学校教育がコロナ禍に直面する以前から，北海道の高校は少子化による学校規模縮小という課題に直面しており，ICTを利用した遠隔教育は小規模高校を存続させるための重要な手段として位置づけられていた。コロナ禍では，そのような遠隔教育を，Zoomなどのweb会議システムを使ったオンライン授業として全国の多くの学校が行っている。次に，ウィズ・コロナ禍の理科授業について述べる。日本各地でさまざまな試行錯誤が展開されているはずであるが以下では，その中から，筆者の見聞の範囲内で論じる。

(1) プレ・コロナ禍から続く課題：少子化と遠隔教育

人口減少と少子化により，北海道の高校は年々小規模化している。北海道の中学校（国立・公立・私立）の生徒数は1962年度の420,565人から減り続け，2020年度には123,129人になっている。北海道には2020年度に，全日制高校(道立・市町村立）が215校あり，その生数数は85,299人，学級数は2,433である[1)]。平均すれば1学級あたり35人の生徒数になるが，北海道の高校生の約6％が通学する高校数が全体の約25％になっており，小規模校の占める割合は大きい。北海道は広く，青森，秋田，岩手，宮城，山形，福島，新潟，富山を合わせた面積とほぼ同じである。このような地理的条件のため，1学級20人を下回っても統廃合が困難な高校がある。地域連携特例校と呼ばれる高校(以下，特例校)で，年々数が増えており2019年度には23校になった。

これまでは，近隣（車で1時間近くかかる場合もあるが）の地域連携協力校と呼ばれる高校（以下，協力校）の教師がオンライン授業や対面授業によるスクーリングを担当していた[2)]。オンライン授業では，協力校の教師がカメラの前で，特例校の教室にいる数名の生徒（のみ）を相手に専用の遠距離通信(telecommunication）技術を用いて授業をライブ配信し，特例校の教室には他教科の教師がいて授業の補助を行う。このような協力校からの授業提供以外に，札幌市内の高校からも全道各地の特例校に専用の遠距離通信技術で授業が行われていた。筆者が参観した札幌市内の高校からの化学授業のライブ配信では，白衣の教師が異なる化学反応が起こっている2本の試験管を両手に持って，実験結果を比較するように特例校の2名の生徒に伝えていた。札幌の教室には生徒はいない。特例校にいる生徒は，実験がよく見えるように札幌にあるカメラを遠隔操作して結果を確認するという具合であった。特例校で生徒が見ている画面と同じ映像が札幌の教室にある大型ディスプレイの分割画面に映っている。教師はその画面を見て，生徒によるカメラの遠隔操作がスムーズに行われていることを確認していた。

2021年度からは，授業のライブ配信の多くを札幌市内の高校に設置された遠隔授業配信センターに集約し，そこから全道各地の小規模高校に向けて提供する体制へと移行している[3)]。さらに遠隔授業配信センターの限られた人数の教員で対応するため，複数の小規模高校がひとつのライブ配信授業へ同時に参加することも試みられている。遠隔授業のセンター化は，特例校間で教育課程や時間割を調整する必要はあるが，協力校の整理や教員の負担低減になると考えられている。このような高校小規模化への対応には，授業のライブ配信が対面授業と同等の教育効果をもつという前提がある。その前提を保証することがセンター化成功の鍵である。

遠距離通信技術が導入されている地方の特例校同士が，必要に応じて授業を一緒に行う遠隔教育の活用もある。たとえば筆者が参観した英語の授業では，特例校に英語教師は配置されているのだが，ふだんの授業は自校の数名の生徒だけで行っているため，遠隔にある別の特例校と一緒に英語プレゼンテーションを実施し，互いの成果を交流していた。少子化が進み学校規模が縮小するこれからの日本では，学校間で授業を補完し合うこのような活動は重要である。このような活動は，特例校のような専用の遠距離通信技術が導入されていなくても，Zoomなどのweb会議システムを使って今後広く積極的に検討されることになるだろう。

(2) ウィズ・コロナ禍の理科教育

ウイズ・コロナ禍では，教師がZoomなどを使ってweb上に教室を設定し，子どもがスマートフォンなどを利用して授業を受けるオンライン授業が一部の学校で行われた。小学生は保護者のスマートフォンを借り，高校生は自分のものを使ってという具合である。多数の授業が時間割通りに一斉に実施されたため学校のネットワーク回線がもたなかったこと，遅延時間やカメラ目線のずれがあることに気づかないまま授業を続けていたことなど，想定外のことに対応しながら試行錯誤が続けられていた。教育委員会がYouTubeの使用を許可したので，授業を自撮りした動画や実験・観察の動画をアップロードした教師も多数いた。私立学校は進んでいる，公立学校は遅れているといわれていたが，教師一人一人の創意工夫でみれば，それは型にはまった画一的な思い込みだと筆者は思っている。生徒の家庭の多くが一次産業を担っている高校では，家の仕事を手伝う合間に配信されている動画を視聴している生徒がいると教師が心配していた。このようにさまざまな教育事象が日本中で起こっていたのだが，理科教師の多くが頭を抱えたことは，実験・観察をどうするかであった。YouTubeにアップロードされた実験・観察の動画で代替できないことは多い。

民間教育研究団体の取り組みも，ウィズ・コロナ禍でインターネットを利用した形態に変化した。たとえば，科学教育研究協議会では，一同に集まって議論する年大会は中止になったが，Zoomを使った研究報告が頻繁に開催されるようになった。年大会の分科会ごとに，週末の午前に一人が発表し，それについて討議するといった研究集会である。大会で謦咳に接するとか，熱い議論はできないが，移動の時間や交通費がかからないので参加しやすい，必要な（十分とはいえないが）情報交換はそれなりにできるなど，経験してみてZoomの利点がわかったという声はある。しかし，ポスト・コロナ禍になれば，年大会に集まって，教材に直接触れ，実験をその場で体験したいと皆が願っている。これからは年大会をすべてオンライン大会で代替しようという声を筆者は聞いたことがない。学校内の教育でも学校外の研究交流でも，早く元にもどりたいというのが多くの理科教師の希望であろう。

❸ 遠隔教育とは何か

ウィズ・コロナ禍の長期休校は，教師と子どもの間に隔たり（distance）をつくった。同一空間・同一時間を教室で共有できなくなったのである。なんとかして子どもとの隔たりを克服して教育を継続しようと，さまざまな遠隔からの取り組みが行われた。今後も感染が拡大した地域では同様のことが続くだろう。こうした動向は，対面で行われる通常の学校教育にさまざまなかたちで遠隔教育が入り込んで来る過程と考えることができる。この節では，遠隔教育とは何かを整理しておく。

(1) 遠隔教育の定義

遠隔教育の定義や理論化は1960年代から活発に議論されてきた。電話やファクシミリが個人に普及し，遠距離通信技術が急速に進歩したことも，遠隔教育とは何かについての議論が始まった一因だろう。遠距離通信技術の革新に合わせて，遠隔教育も変わらなければならなかったのである。

Keegan（1996）は，1980年にいくつもの定義を総合して，遠隔教育の定義の6つの基本的要素を提案している。ここでは，さらに整理された遠隔教育の定義の4つの構成要素を紹介する（Simonson et al., 2019）。

1．教師と学習者が空間的，時間的に分離されている。
2．組織的基盤がある。学校や大学，企業や自治体など，組織や機関が運営し，教育プログラムを提供している。
3．遠距離通信技術を利用する。教師と学習者の間に同期型（synchronous）もしくは非同期型（asynchronous）の相互作用を実現するICT技術を利用している。
4．教師と学習者の間で，テキストデータ，音声データ，ビデオデータなどのかたちで学習経験が共有されている。

教師と学習者が同じ空間にいないことは遠隔教育の必要条件である。同じ時間を共有しているかどうかによって，同期型か非同期型に区分される。やりとりに2，3秒の遅延がある同時双方向の授業は同期型遠隔教育とみなされる。郵便を使った通信教育のように時間的隔たりが大きいときは非同期型遠隔教育となる。構成要素３と４から，遠隔教育では教師と学習者間の双方向コミュニケーション（two-way communication）が本質的な役割を担っていることがわかる。双方向コミュニケーションがあることによって，遠隔教育は単なる教育技術とは区別される（Keegan, 1996）。前節の遠隔授業配信センターからの授業で，教師が化学反応の起こる試験管を手にすると，特例校の生徒が自分でカメラを遠隔操作して試験菅がよく見えるように調整していたのも双方向コミュニケーションである。何らかの教育組織や機関が一定の役割を果たしていても（遠隔教育の構成要素2），遠隔地で教材を受け取った学習者が独学し続けるだけという形態は，ここで定義されている遠隔教育には含まれない。たとえば，ラジオやテレビの教育番組が教育プログラムを一方的に放送するだけで，レポート提出とその評価結果を指導者のコメント付きで返却するといった双方向コミュニケーションを行わない場合は，遠隔教育ではないということになる。

(2) 相互作用の形態（modes of interaction）

遠隔教育にも，通常の対面の教育と同様に，3つの相互作用：教師 ⇄ 教材，学習者 ⇄ 教材，学習者 ⇄ 教師がある。教師はこれら3つの相互作用を使って，遠隔教育で最大の教育効果が得られることを学習者に保証しなければならない（Moore, 1989）。

同期型遠隔教育では，教師と学習者は同一時間を共有しており，両者の間の相互作用はそれなりに強い。教師が学習者に一方的に語るばかりの授業であったとしても，そこにはさまざまな相互作用が起きる。非同期型遠隔教育では，教師と学習者の間に時間的隔たりがある。たとえば，通信教育では，学習者が自分で学習を進めるための教材が教師によって作成され，学習者へ郵送される。教師の授業プランはこの教材の構造を通して学習者に伝えられる。学習者は郵便，電話やファクシミリで教師に質問し，教師はそれに応答する。やりとりに遅延があり，頻度も多くはない。教師と学習者のコミュニケーションは弱くなり，学習者から教材へのはたらきかけは基本的に学習者自身にまかされることになる。中には送られてきた教材を読もうとしない学習者もいる。教師の指示で学習者が教科書やプリントを開き，課題に取り組むという同期型の遠隔授業とはちがう。

上述の3つの相互作用の形態に，さらに3つの相互作用：学習者 ⇄ 学習者，教師 ⇄ 教師，教材 ⇄ 教材を加えて拡大する考え方もある（Anderson, 2003a）。

学習者 ⇄ 学習者の相互作用は学習者間のやりとりであり，遠隔教育における学習集団（Cleverland-Innes et al., 2019）や自立（independence）の問題（Garrison, 1993）と関係する。通常の対面教育では，学習者が時間割に従って教室内の授業集団に組み込まれる。学習集団の存在は基本的なことである。しかし遠隔教育の場合は，教師と学習者の間だけでなく，学習者間にも隔たりがある。非同期型遠隔教育では，むしろ個別化された教育を前提として学習集団の必要性，有効性を考えることになる。教師 ⇄ 教師の相互作用は，教師集団の共同である。教材 ⇄ 教材の相互作用は，学習支援システム（learning management system：LMS）の高度化によって具体化される。たとえば，web上にアップロードされた教材を使って，学習者の学習状況をコンピュータが逐一自動で分析，整理し，その後の学習に適したかたちに教材を再編して提供することが検討されている。このような過程が新旧の教材の間に生じる相互作用の一形態である。

Anderson（2003b）は，学習者と関係する3つの相互作用：学習者 ⇄ 教師，学習者 ⇄ 教材，学習者 ⇄ 学習者のどれか一つが高いレベルにある限り，意味のある深い学びの遠隔教育を実現することができるとし，他の2つの相互作用は，教育経験を損なわないなら，最低レベルでもかまわないという仮説をたて，6つの相互作用の適切な構成を考察している。相互作用のベスト・ミックスを探究するアプローチである（Bernard et al., 2009）。

（3）理科の遠隔教育における実験・観察

非同期型遠隔教育では，学習者 ⇄ 教材の相互作用がなくなってしまう事態も想定される。送られてきた教材にどのように取り組むかを決めるのは学習者だからである。最悪のことではあるが，学習者には郵送されてきた教材を開封しないという選択肢もある。学習者 ⇄ 教材の相互作用が全くなければ，非同期型遠隔教育では上述の相互作用のベスト・ミックスを実現するのは無理だろう。さらに，同期型，非同期型のどちらであっても，学習者 ⇄ 教材の相互作用に学習者の自発的な，自己主導型（self-directed）の活動をどのように取り入れるかによって遠隔教育は変わる。理科の遠隔教育においては，この自己主導型の活動として，実験・観察が果たす役割は大きい。学習者 ⇄ 教材の相互作用で，実験・観察による探究活動をどのように具体化するのかが問われることになる。

理科の遠隔教育に実験・観察を取り入れる方法としては以下の4つがある（Kennepohl, 2019）。

1．スクーリング時の対面指導による実験・観察
　スクーリングなどの登校日に，理科室で集中的に対面指導による実験・観察を行う。
2．在宅や近隣フィールドでの実験・観察
　教師から送られてきた実験キットの使用，生活日用品を使った実験・観察，近所のフィールド調査などを行う（Lyall et al., 2010）。
3．仮想研究室（virtual laboratories）
　シミュレーターによる実験・観察である。CGを使ったリアルなものから模式図として描かれたものまで，コンピューター上に実験装置が再現され，学習者はそれを操作しながら実験・観察を行う[4)]。
4．遠隔研究室（remote access laboratories）
　遠隔にある装置を学習者が操作して実験・観察を行う。ハッブル宇宙望遠鏡による観察や核施設での実験など研究レベルでは行われている。設備と予算が必要で，大学教育での事例が多いと思われる（Branan et al., 2016）。

小学校から高校の理科教育を考えた場合，現実的な選択は1から3であろう。ウィズ・コロナ禍の授業では，教師が作成した実験の動画をYouTubeにアップロードするなどの工夫がなされた。しかし，こうした教材を使った同期型遠隔教育の中には，対面授業で資料集に掲載された図解や写真を使うように，アップロードされた実験動画を遠隔から見せるだけの授業もある。そのような実験・観察は上述の1から4には含まれないと筆者は考えている。

在宅や近隣フィールドの実験・観察は，遠隔教育だけでなく通常の教育においても着目すべきである。しかし，家庭環境によっては，実験に必要な生活日用品を用意できない，近隣のフィールドにアクセスできないといった複雑な事情がある。そのためプレ・コロナ禍でも，在宅や近隣フィールドの実験・観察

を全員に要求できないことはあった。

❹ ポスト・コロナ禍の理科教育

グローバルなデジタル社会はウィズ・コロナ禍で未曾有の経験をした。感染拡大防止のため個人の行動変容が必要となり，社会活動も大きく変化した。ワクチン普及と治療法の進歩で世界的流行が終息しても，新型コロナ・ウィルスは季節性インフルエンザのように残るといわれている。ポスト・コロナ禍とは，ウィズ・コロナ禍から「禍」が消えたウィズ・コロナの社会なのだろう。我々の生活が完全に元にもどることはない。それは学校教育も同じである。

(1) 一人一台端末と駆り立てられる教師

ウィズ・コロナ禍の1年間で，遠隔から授業を実施する抵抗感や技術的障害は低くなったと思う。専用の遠距離通信技術が学校に整備されていなくても，多くの教師がYouTubeへのコンテンツ・アップロードや，ZoomやGoogle Classroomを使ったオンライン授業を試みた。成功も失敗もあったが，いずれにしても教師の経験値は上がった。しかし，ポスト・コロナ禍になれば，多くの教師が，特別の事情がない限り，遠隔からの理科授業を通常の対面にもどすはずだ。遠隔教育では実験・観察が難しいからである。それでは，授業の何が元にはもどらないのか。

ウィズ・コロナ禍の休校に対応するため，GIGAスクール構想計画は前倒しされた。義務教育段階では一人一台のノートPCやタブレットなどのICT機器（以下，「端末」）が整備された。高校ではBYOD（bring your own device）が始まっている。「禍」が去った後も，一人一台の端末は残る。端末のない状況にはもどらない。端末整備が加速された原動力が，休校中のオンライン授業への対応であったとしても，GIGAスクール構想本来の目的は，普段の授業（教室での対面）で活用することである。「禍」が消えた後，教室で一人一台の端末をいかに使うかが問題になる。

端末は，その使い方さえ間違えなければ（教育アプリの奴隷にならず，必要な場面で適切に使うのであれば)，理科の実験・観察で使える便利な道具であることはいうまでもない。各種センサーを接続すれば計測機器になる。実験・観察の様子を動画で撮りながら気づいたことを語って録音し，子どもが自分の活動をふりかえるための記録装置にもなる，学習者 ⇄ 学習者の相互作用を高めるために有効な道具である。教師が教卓で演示実験を行うとき，その様子を教師のカメラで撮影し子どもの端末に出力して全員と共有する（学習者 ⇄ 教師の相互作用を高める）道具でもある。

一人一台端末が対面授業で引き起こす禍は，教師や子どもが実験・観察で端末を使うように駆り立てられることである。一人一台端末によって学校教育が改善するという前提の上にGIGAスクール構想が成立しているため，端末という道具は教育改善の手段となり，とにかく毎回の授業で端末を使うように教師が駆り立てられるという禍である。教育委員会などが作成した標準的な理科授業プランに必ず端末が登場し，とにかく毎回の授業で端末を利用するよう教師に強いるという事態が起こらないとは断言できない。授業でもっと端末を使ってほしいと，子どもや保護者が要求することもあるだろう。

(2) 非同期型遠隔教育浸透と公正に個別最適化された学び

ウィズ・コロナ禍の一斉休校で行われた同期型遠隔教育は対面の教育にもどる。しかし，非同期型遠隔教育は元にはもどらず，さらに深く学校と家庭に入り込むだろう[5)]。

少子化による学校の小規模化と統廃合で通学範囲は拡大する。スクールバスにWi-Fiが設置され，子どもは下校時の車内で業者の提供するオンライン教材にアクセスして課題をこなしていく。教師は適当な時間に子どもの取り組み状況や解答を確認する。これはプレ・コロナ禍から行われていた非同期型遠隔指導である。ウィズ・コロナ禍に行われたYouTubeなどのインターネット上へアップロードされた教材を使った教育も非同期型遠隔指導である。ポスト・コロナ禍では，一人一台端末になっている。自宅からインターネットへ接続する環境が整備されているのなら，このような非同期型遠隔指導を通して，学校教育がオンラインで仮想的に家庭へ拡大することになるだろう。

子どもが送ってきた解答を「いわゆるAI」が確認し，一人一人の学習記録をつかって返答を自動作成し送信する遠隔教育は夢物語ではない[6)]。開発や導入のコストに問題はあっても，技術的障害は年々低くなっている。技術革新によって，近い将来，文部科学省の『新時代の学びを支える先端技術活用推進方策（最終まとめ）』（2019年6月25日）にある「公正に個別最適化された学び」の実現と「多様な学習機会と場の提供を図る」ことは，「いわゆるAI」を使った非同期型遠隔教育に任せてしまおうということになるかもしれない。第3節で紹介した相互作用のベスト・ミックス仮説が正しければ，学習者 ⇄ 教師の相互作用は低くなるが，学習者 ⇄ 教材の相互作用が「いわゆるAI」によって強化されるから大丈夫という発想である。非同期型遠隔指導に教師が直接関与する度合いは減り，そのおかげで，教室の授業で教師は「公正に個別最適化された学び」を気にする必要はなくなる。教室は子ども全員が実験観察を行い，基礎・基本の学力を確実に定着させる場となり，授業は他者と協働して学ぶ集団学習の機会となる。教師にとっては大助かりだろう。

しかし，「公正に個別最適化された学び」が何を意味するのかによっては，「いわゆるAI」を使った非同期型遠隔教育に頼ることに危うさはある。「公正に個別最適化された学び」とは，子どもの置かれた状況に応じて，一人一人に配慮して最適化された学び（子どもに向き合い気遣う最適化）なのか。それとも，子どもが持っている資質や能力を効率的に使わせて最大限の成績を取るように最適化された学び（子どもから効率的に最大限引き出す最適化）なのか。人間の教師が非同期型遠隔指導を行うのであれば，これら2つの意味の間でゆれ動きながら「公正に個別最適化された学び」とは何かを考え，日々実践していくことになるだろう。ところが，「いわゆるAI」はゆれ動かない（人間のように悩み迷うほど高性能ではないだろう）。「いわゆるAI」の性能が教育ビッグデータによる深層学習で決まるのであれば，「公正に個別最適化された学び」が何を意味し，学習者 ⇄ 教材の相互作用がどのように強化されているかは，学校に導入された「いわゆるAI」の性能で，つまり教師のあずかり知らぬところで決まってしまうことになる。これは教師にとって，大助かりと喜んでばかりはいられない事態ではなかろうか。

❺ おわりに—将来の禍に備えるために

今回のコロナ禍がなくても，理科教育，広くは学校教育といってもよいが，それは同じところに向かって進んでいただろう。コロナ禍は日本全国でその変化を加速し顕在化した。学校教育へのICTの浸透を元にもどすことはできない。非可逆的な変化であり，技術とはそういうものである。

ICTを学校教育へ段階的に導入していくという計画はコロナ禍で吹き飛んだ。日本のスマートフォン人口が7千万人を超えるのにおよそ10年かかっているが，学校教育での一人一台端末はこの1年でいっきに進んだ。ネット依存やゲーム障害など，スマートフォンにはさまざまな危険があるといわれてきたが，その利用は拡大した。LINEによる市政情報発信や緊急時安否確認など，スマートフォンを前提にした取り組みにも強い反対はない。教育におけるICT利用も同じである。教育におけるICTに危険はあっても，その利用拡大は続くだろう。

ポスト・コロナ禍になったとき，ICTは感染防止のためではなく，本来それが約束している効率化や経費削減といった目標を達成するための手段として使われることになるのだろう。しかし，ウイズ・コロナ禍で行われているICTを利用したさまざまな教育活動を，効率化と経費削減に埋没させてはいけない。ウィズ・コロナ禍の教師や学校は，やればなんとかなるという実感をそれなりに蓄積し，教育におけるICT利用の利点と限界を経験から学んでいるはずだ。ウィズ・コロナ禍で子どもの学習を守り，継続するために，ICTが役立ったことは否定できない。今後，COVID-19のような感染拡大が再び起きる可能性はある。そして，地球温暖化問題への対策が後手に回り，世界規模の気候変動が起こった場合，はるかに困難な状況に我々は直面するだろう。そのとき，生存に不可欠な学習権が子どもから奪われてしまうことがないよう，学校は黒板・チョークから端末まであらゆる道具を使って最善を尽くす必要がある。教育におけるICT利用が真価を発揮すべき現場である学校で，ICTとは何かを教師が熟考し，ICTが提供する道具を賢明に使っていくしかない。コロナ禍は，将来の禍に備える必要があることを我々に教えてくれたと筆者は考えている。

注

1）統計は，北海道教育庁総務政策局教育政策課編『教育便覧2020』北海道教育委員会，2020による。
2）特例校の状況（後述する遠隔授業配信センターが札幌市に設置される以前の状況）を簡単に紹介したものとして，篠原岳司（2019）がある。
3）北海道高等学校遠隔授業配信センターのwebサイトが以下にある。
http://www.t-base.hokkaido-c.ed.jp　（2021年5月8日接続確認）
4）University of Colorado BoulderのPhET Interactive Simulations Projectが開発した無料のシミュレーションが以下のwebサイトで公開されている。
https://phet.colorado.edu/ja/　（2021年5月8日接続確認）
5）鈴木克夫（1999）は，従来の通信教育から漸進的に発展した遠隔教育と，対面授業の環境を再現しようとする遠隔教育の関係について考察し，2つを効果的に組み合わせることがこれからの遠隔教育では求められると論じた。ウィズ・コロナ禍の学校では，対面授業そのものと2つの遠隔教育が状況に応じて展開された。ポスト・コロナ禍には，学校内の対面授業と家庭での遠隔学習（通信教育から発展したもの）が混合した学校教育，そして2つの遠隔教育を組み合わせた学習塾が新しい日常になるかもしれない。
6）人工知能（Artificial Intelligence）とは，人間の知能が必要とされることを行う機械である。現状は，特定の仕事をこなすようにつくられた機械がAIと呼ばれており，人間のように自意識をもってさまざまな課題を見出し解決していくまでには到達していないので「いわゆるAI」とした。筆者は，「いわゆるAI」をAIと誤解しないで，道具として賢く使うことを否定する者ではない。

参考文献

・篠原岳司（2019）「＜話題提供＞北海道の地方小規模高校の現状と存続の条件：条件整備の課題」『北海道大学教職課程年報』9，pp.19-24.
・鈴木克夫（1999）「二つの遠隔教育―通信教育から遠隔教育への概念的連続性と不連続性について―」『メディア教育研究』3，pp.1-12.
・文部科学省（2019）『新時代の学びを支える先端技術活用推進方策（最終まとめ）』＜ https://www.mext.go.jp/a_menu/other/1411332.htm ＞
・Anderson, T.（2003a）“Modes of Interaction in Distance Education: Recent Developments and Research Questions” Handbook of Distance Education edited by M. G. Moore and W.

G. Anderson, Lawrence Erlbaum Associate, pp. 129-144.
・Anderson, T.（2003b）"Getting the Mix Right Again: An updated and theoretical rationale for interaction" International Review of Research in Open and Distance Learning, 4（2）: pp. 9-14.
・Bernard, R. M., et al.（2009）"A Meta-Analysis of Three Types of Interaction Treatments in Distance Education" Review of Educational Research, 79（3）: pp. 1243-1289.
・Branan, D. M.（2016）"Remote Access Laboratory Equipment for Undergraduate Science Education" Teaching Science Online edited by D. K. Kennepohl, Stylus Publishing, LLC., pp. 143-155.
・Cleveland-Innes,M., Garrison,D.R. and Vaughan,N.（2019）"The Community of Inquiry Theoretical Framework: Implications for Distance Education and Beyond" Handbook of Distance Education edited by M.G.Moore and W.C.Diehl,Routledge, pp.67-78.
・Garrison,D.R.（1933）"Quality and access in distance education: theoretical considerations" Theoretical Principles of Distance Education edited by D.Keegan, Routledge, pp.9-21.
・Keegan, D.（1996）*Foundations of Distance Education,* Routledge.
・Kennepohl, D.（2019）"Teaching Science at a Distance" Handbook of Distance Education edited by M. G. Moore and W. C. Diehl, Routledge, pp. 486-498.
・Lyall, R. and Patti, A.F.（2010）"Taking the Chemistry Experience Home - Home Experiments or "Kitchen Chemistry" Accessible Elements edited by D. Kennepohl and L. Shaw, AU Press, pp. 83-108.
・Simonson, M., Zvacek, S. and Smaldino, S.（2019）*Teaching and Learning at a Distance: Foundations of Distance Education*（*7th ed.*）, Information Age Publishing, Inc.
・Moore, M. G.（1989）"Editorial: Three Types of Interaction" American Journal of Distance Education, 3（2）: pp. 1-6.

付記：本研究はJSPS科研費JP19H01634の助成を受けたものである。

3　ポスト・コロナの教科教育の展望

―教室空間を越境する教科教育の3類型―

広島大学　草原　和博

❶ ポスト・コロナの状況から

新型コロナウィルス感染症(以下，コロナと称する)は，本稿の執筆時点(2021年5月)で依然として収束の気配はみられない。学校現場に対するコロナの影響は持続しており，登下校の仕方，教室内での過ごし方，地域との関わり方，部活動の仕方等に変化をもたらしている。ワクチン接種が進めば表面的にはコロナ禍から脱することができるのだろう。しかし，決して元の日常を取り戻せるわけではない。コロナの後に続くのは，コロナの脅威や不安から脱したらしいという言説の広がりと，コロナの影響下から完全に逃れることのできない社会的状況の出現に他ならない（草原・吉田，2020)。本稿で「ポスト・コロナ」の語を用いるのは，このような事態を表現したいからである。疫学的にはコロナの危機が消えても，私たちの生きる学校と社会はすでにコロナが生み出した規範とシステムの中に埋め込まれて存立しており，それは教科教育も例外ではない。ではポスト・コロナの教科教育は，理論的にも実際的にもどのような自己変革を遂げているのだろうか。本稿ではその端緒らしき実践を複数取り上げ，それらの関係性を分析することで，これからの教科教育のパノラマ図を描き出すことを目的としたい。

ポスト・コロナの教科教育を展望する上で，ICT環境の変化は無視できない。コロナの拡大とそれを契機とするインターネットや端末の整備は，教科教育を取り巻く環境を確実に変えつつある。本稿では，①ICT環境の変化と②教科教育の目標達成の論理，この2つを視点にポスト・コロナの状況を類型化して捉える。第1類型は，ICTが教科教育を教室空間の外に解き放つことで既存の教科目標がより十全に達成される条件が整い，それを受けて教科教育実践が改善されていく状況である。第2類型は，ICTが教科教育に学校空間からの越境を許したことで，それまで等閑視されてきた教科目標の実現可能性が高まり，理論的考察や試行が活性化する状況である。**表1**には，本稿の見取り図を兼ねた仮説を先取りして示した。次項以降では，第1類型を目標の違いに応じて2つの下位類型に分け，そこに第2類型を加えることで，水準を異にする3つの類型を提示する。各類型のレンズから浮かび上がる教科教育実践の新たな兆候を，社会科とその隣接領域を事例に描き出したい。

表1　ポスト・コロナの教科教育（社会科）への影響

類型（教科目標）		教科目標に対するICTの貢献	ICTの導入による教科教育の変化	実践例（実践・提案機関）
1-1	科学的な社会認識	コミュニケーションの手段	学術空間の拡大	「挑戦状」シリーズ（EVRI）
1-2	社会的な問題解決	探究のスペースとリソースの提供	協働空間の拡大	COVID-19（WHDE & NCSS）
2	歴史的な記憶表現	言説の展示	公共空間の拡大	HiGA ミュージアムをつくろう（HiGA）

❷ 科学的な社会認識のための社会科を実現する ―コミュニケーションを拡大し，学術空間を成立させるICT―

（1）問いの探究が教室空間の枠内に縛られる

第1類型は，科学的な社会認識を形成する社会科論の進展である。社会科には，社会現象の表面的理解ではなく，学問的視点に基づいて社会現象の因果や本質を説明させることで，子どもを知的に解放し，社会を分析・批評できる市民を育成しようとする立場がある（桑原，2012）。この立場の授業は，ややもすると教師の教材研究の成果を子どもに披瀝し伝達する授業に陥りかねないことが批判されてきた（渡部・井手口，2020）。知識の習得とともに，問いの究明を通して自己の認識を批判的に吟味・更新させたり，異なる解釈の可能性に気づかせたりする探究が本論の基盤にあるが，資質な見方への出会いで制約の大きい教室空間は，探究の真正さを担保する上で限界があった。

この課題に応えた実践例として，「社会科教科書執筆者からの挑戦状」シリーズがある（EVRI，2020a）。これは2020年5月の学校休業下に構築されたYouTube動画集である。中学校社会科教科書の「節」に対応する挑戦状22点とお返事5点（2021年5月現在）で構成されている。挑戦状1本の長さは3分程度と短く，お返事は15分から30分程度に編集されている。

挑戦状の課題一覧を**表2**に整理した。子どもが自宅で学ぶ事態を想定して，教科書の執筆に携わる開発者自身が，節ごとに2つの問いを投げかけている。問い1には手元にある教科書と地図帳等を駆使すればギリギリ解決できる情報整理の課題が，問い2には概念に基づいて情報を分析したり，ある命題をめぐ

表2　「社会科教科書執筆者からの挑戦状」の課題一覧（抜粋）

節	問　い
アメリカ	1. 教科書を読んで，アメリカ，カナダ，メキシコを比較した一覧表を作りましょう。 2.「アメリカは世界ナンバーワンである」。この主張に当てはまる・当てはまらないことを調べて，あなたはこれに納得するか，教えてください。
日本のすがた	1. 教科書を読んで，領土を関して問題となっている島の名前と，意見が対立している相手国の名前を一覧表にしましょう。 2. これらの島々について日本政府は「日本固有の領土」と主張しています。私たちは，その固有の領土に行くことができるでしょうか。YES or NO　その理由を教えてください。
九州地方	1. 教科書を読んで，九州地方ではどのような自然災害が起きているかを一覧表にしましょう。 2. 九州地方の自然災害は（梅雨や台風などの）自然現象だけを理由に起きているのでしょうか？　YES or NO　あなたの見方を教えてください。

EVRI（2020a）より一部引用。

って論証を求めたりする高次の課題が設定されている。この「挑戦状」シリーズは，教科の専門家（教科書執筆者）が課題を動画で提起し，課題を受けとめた子どもが教師の仲介を通して教科の専門家に応答し，その応答に対して教科の専門家が動画でコメントし，他の子どもは公開された動画を視聴することで自学できるという，探究支援システムの構築を意図したものだった。本シリーズは，通常は教室空間で出会うことのない教科書の使用者と執筆者が肉声と資料を媒介に間接的にコミュニケーションし，教科書に記述された用語と命題に批判的に立ち向かうことを可能とした。

(2) 明治維新の歴史的意義を考える

「挑戦状」を契機として展開されたコミュニケーションの例を示したい。

歴史的分野の小単元「明治維新」に関して与えられた挑戦状は，以下の通りだった（EVRI, 2020a)。「現代の日本に生きる私たちからみて，「これぞ重要」と考えられる出来事3つを選んで，それを選んだ理由を報告してください」。教科書では約20頁を占める単元である。そこから「ペリー来航，日米和親条約，五箇条の御誓文，廃藩置県，地租改正，徴兵令，学制，遣欧使節団，学問のすゝめ，岩倉使節団，沖縄県の設置，蝦夷地開拓，樺太・千島交換条約，自由民権運動，国会開設，大日本帝国憲法，甲申政変，条約改正，下関条約，ポーツマス条約，八幡製鉄所，富岡製糸場，鉄道国有化，韓国併合，大逆事件，義務教育拡大，解放令，言文一致運動，財閥，桑栽培・養蚕」の語を例示し，選択と論証を求めた。学術的には「歴史的意義（significance)」の視点から明治時代の諸事象を評価することを期待した挑戦状だった。

実際，開発者の下には某クラスが休業時に取り組んだレポートが届けられたといい，それに対するコメント動画が「挑戦状への回答への挑戦状」として掲載されている。具体的には以下の6パタン7通の回答（3つの重要な出来事）が紹介されている。

① 自由民権運動，国会開設，大日本帝国憲法（同一の回答2通）

② 大坂紡績会社，富岡製糸場，八幡製鉄所

③ ペリー来航，岩倉遣欧使節団，学問のすゝめ

④ 学制，義務教育拡大，言文一致運動
⑤ 蝦夷地開拓，樺太・千島交換条約，ポーツマス条約
⑥ 大日本帝国憲法，自由民権運動，学問のすゝめ

開発者の解説によると，①は明治時代に「近代国家の礎と時代の転換」や「今の政治制度の元」を求めて重要な出来事を選んでいるのに対して，②は「経済的な近代化と軍事化」の視点から，③は「海外からのインパクトと交流」の視点から，④は「今の教育制度の根幹と起点」の視点から，⑤は「ロシアとの外交問題の起点」の視点から事象を選択している。⑥は「言論の自由の獲得の歴史」の起源と来歴に対する強い関心から事象が選ばれているという。さらに全員の答えは収斂しなかったし，収斂するはずもないと強調。とくに④については，「もし言文一致がなければ，今の私たちが受けているような教育はなかった」，これらの出来事が「難しい言葉ではなく，すべての庶民が易しい言葉で勉強できる」きっかけを作ったと述べるレポートを紹介し，現に今学んでいる生徒の立場から歴史を探究する姿勢を評価している。

コメント動画の最後で，動画の開発者は「新たな挑戦状」を提起した。

・これらの出来事の意義付けの中で，あなたが最も納得／共感したのはどれですか，それはなぜ？
・なぜトップ3の出来事の選び方にこれほどの違いが生じるのだろうか？

これらの再挑戦状を通して，歴史的意義に関する自己の判断基準をメタ認知させるとともに，歴史的意義の捉え方の多様性と現代性を認識させようとしていた。

本事例から導かれる教科指導の新たなカタチとは，学習空間が教室を超えることで，教科書をつくる人・使う人の分断関係が是正される点，そして開発者の問いとコメントを通して探究の学術的な質が担保されている点にあろう。複数の答えとその根拠を公開することで知識に対する批判可能性も担保している。インターネットと動画（YouTube）を活用したコミュニケーションは，科学主義の社会科の陥穽を補い，問いを連続的に深めていく可能性を示している。

❸ 社会的な問題解決のための社会科を実現する ―探究のスペースとリソースを提供し，協働空間を成立させるICT―

(1) 視点・立場が教室空間の規範に縛られる

第1類型のもう1つのパタンは，社会的な課題解決力を育成する社会科論の進展である。社会科には，子どもの社会的関心に寄り添い，現代社会の課題を取り上げ，その背景や論点を分析しつつ解決策を構想し，反省的に判断・行動できる市民を育成しようとする立場がある（渡部，2012）。しかし，リアルな課題を取り上げたくても，現実社会で生起する論争的で価値的な課題に教師は身構え，扱いづらいという課題は付きまとった（金・渡邉・草原ほか，2020）。課題の背景や解決策の捉えは，子どもの生活感覚や社会の支配的言説に依存しがちであり，現実社会を形づくる多様な要因や立場・主張，とりわけ社会的少数の視点は教室から排除されやすい。物理的に閉ざされた教室空間では，なおさらそうなりやすかった。

この課題に応えたプログラムとして，世界史デジタル教育基金（WHDE）と全米社会科協議会（NCSS）が開発した「パンデミック下の歴史と地理：COVID-19」がある（WHDE & NCSS，2020）。このプログラムは，米国の学校が閉鎖されていた2020年4月に「レッスン・モジュール」として公開された。高等学校の社会系教科をオンラインまたはハイブリッドで教えるための助言集も兼ねており，第1時は歴史中心で，第2時と第3時は地理中心で展開するプランとなっている。ただし，取捨選択も可能である。

授業のアウトラインを**表3**に示した。第1時は1918年のスペイン風邪と2019年のコロナ感染症が各時代の社会に与えた影響を比較し，第2時と第3時はコロナのグローバルな拡散とその影響を推論する展開となっている。最終的には，イタリア・アメリカ・韓国の感染者数の推移と政策を比較し，コロナ感染拡大の抑え込みに効果的な方策を議論させる展開となっている。各時では，ZoomやSkype等のウェブ会議システムとGoogleのファイル共有や意見集約等のサービスを媒介にして子どもが対話し，また後述するデジタルデータを活用するこ

表３「パンデミック下の歴史と地理：COVID-19」の単元展開

学習課題	学習活動
第１時： コロナウィルスはスペイン風邪とどの程度似ているか？	証拠に基づく主張 ・2020年のCOVID-19と1918年のスペイン風邪のパンデミックに関する一次および二次資料を調査する。 ・政府の対応，地理的拡散，文化的影響，経済的影響，一般市民の反応，および疾病自体の影響の類似点と相違点を確認する。
第２時： グローバル化した世界で，いかにして拡散を遅らせるか？	定量的データの分析 ・COVID-19の拡散に関する資料を調査する。COVID-19の影響を受けた５つの国の人口ピラミッドを分析する。
第３時： パンデミックの経済的影響はどのようなものか	定量的データの分析 ・COVID-19の拡散の影響を示す世界経済のデータを分析する。 ・イタリア，韓国，米国でのCOVID-19感染者数の増加を分析し，現在の傾向を把握し，将来の増加を予測するとともに，各国のCOVID-19の蔓延に対する対応を比較する。

WHDE & NCSS（2020）を再構成して作成。

とで，現実社会で起きている課題と自分たちが置かれた状況を判断させるようになっている。

(2) コロナとスペイン風邪を比較する

本プログラムで提案されているクラウドとデジタルデータの活用例を示したい。ここでは，歴史的内容を扱う第1時を取り上げる。

導入は予習課題の報告である。子どもにはインターネットでコロナについて調べ，適切なサイトを参照して説明できるように予習課題が指示されている。授業はその成果を報告させるところから始まる。

展開の前半部は，史料の吟味である。1918年のいわゆるスペイン風邪（インフルエンザ）について，以下6種のデジタルデータが提供されている。

① 通常のインフルエンザの数万倍の増殖力をもっていたとする医学的知見
② 各国の患者の症状を描いた肖像画と，記憶の継承としてのアートの意味

③ 感染対策（政策）の欠如と，スペイン風邪をめぐる各種の陰謀論
④ スペイン風邪が人口動態に，とくに平均余命に与えた影響と統計上の現れ
⑤ カンザス州の兵舎での発症と，第一次世界大戦を通した欧州への拡散
⑥ 医薬産業の隆盛と労働者の賃金上昇，一方で製造業や娯楽産業の衰退

いずれもWHDEがNCSSと共同で編纂した資料である。各教材では，スペイン風邪がスペイン起源ではないことと疾病名に地名を冠することの弊害が繰り返し強調されている。子どもには，スペイン風邪の実態を多面的・多角的に伝える資料を読み取り，得られた内容を6つの領域（科学，文化，政治，人口，地理，経済）にカテゴライズしていくことが期待されている。

展開の後半部では，2020年4月8日のCBSニュースで報道されたスペイン風邪に関する動画を視聴させる。子どもには前半で確認した6つのカテゴリ別にメモを取り，情報を整理するように指示される。

終結ではグループ別の共同作業に移る。各グループでは6つのカテゴリのうち3つに重点化して，導入で確認した「コロナ」と展開で共有された「スペイン風邪」の比較を試みる。グループ内ではGoogle Docs等を利用し，両者の共通点と相違点を整理するTチャートを協働で作成し，編集していく。最終的には「2つのパンデミックは全世界的に拡散した点で共通するが，死亡率や政府の対応には差異がみられた」点に気づかせ，感染拡大の影響と抑制策を考える第2時以降の伏線としている。

本提案にみられる教科指導の特質とは，学習空間を教室を超えて成立させることを初めから意図している点にある。①生活文脈に即した社会的レリバンスの高いテーマを設定し，②教材には専門機関やメディアが発信するデジタルデータを活用し，③学習者はオンラインでつながることで，知識を協働して構築させている。従来は教室内に完結しがちな探究のリソースとスペースを教室外に開くことで，多様な社会的・歴史的言説に触れることができ，社会問題をめぐって時機を逃さず議論する機会を保証している。クラウドサービスとデジタルデータは，社会問題に対する発言に躊躇する子どもには学習参加の機会を，題材の扱いに不安を抱える教師には教材選択の幅を広げるものとなっている。

❹　歴史的な記憶表現を支援する社会科 ―集団の言説を展示し，公共空間を成立させるICT―

(1) 対話が教室空間の範囲に縛られる

第2類型は，過去を展示し，歴史的記憶を継承する社会科論の進展である。米国では「陳列展示」の名称で歴史教育論の一類型として位置付けられたこともあったが，肯定的な評価はきわめて限定的であり（レブスティック・バートン，2015），日本での理論化も遅れてきた。一般的に授業は，戦場ジオラマの作成や慰霊碑・記念館の設営等の活動ベースで展開されることになる。しかしそれには時間を要するし，技術的な困難さもともなう。何より共同体の歴史を描き記憶を語り継ぐという目標を掲げるならば，子どもは教室空間のソトに出て遺産・遺跡・遺物に出会い，過去を語り継ぐ当事者と対話し，未来に向けて残したい私たちの記憶を語り直し，表現していくことになるが，いざそれを行なおうとすると教師の負担と時数は膨張する。ゆえに本類型が意図的・計画的に構想されることは，一部の取り組みを除いては（外池，2021）稀だった。一方でコロナ禍を契機とするICT環境の変化は，このような教科論の台頭と具現化を後押しすることになった。

この課題に応えた実践として，広島県立広島叡智学園（略称HiGA）の未来創造科Global Justiceの単元「HiGAミュージアムをつくろう」がある（EVRI，2020b）。これは2020年7月から10月にかけて中学校2年生を対象に実践された総合的な学習の時間の実践である。厳密には教科教育とはいえないが，「陳列展示」を基盤としたプロジェクト学習を社会科に取り入れる可能性を示唆した取り組みとして注目される。

(2)「平和×あなた」をテーマとするミュージアムをつくる

本実践で子どもに学びの見通しを持たせるために繰り返し提示された年間計画のスライド（生徒向けには左上の目標を除く）を**図1**に引用した。Global Justiceは，peace makerになることを目標に以下ＡからＤまでの4つのプロジェクトから構成される。Ａ「教科書プロジェクト：アメリカの小学生と教科書を

図１　Global Justice のアウトライン（EVRI，2020b）

作ろう！」，B「概念プロジェクト：専門家の概念を知ろう」，C「博物館プロジェクト：世界の博物館をヴァーチャル見学しよう」，D「総合プロジェクト：HiGAミュージアムをつくろう」である。

この過程で子どもが制作した「展示」物として，Aプロジェクトの「教科書」とC・Dプロジェクトの「ミュージアム」がある。本稿ではGlobal Justiceの出口に位置づくC・Dプロジェクト（9時間相当）に焦点を当てたい。Cプロジェクトは，当初は呉市にある大和ミュージアムを訪ね，平和記念資料館と語りの構造を比較させることが検討されていた。しかしコロナ禍での集団行動には制約が大きく，博物館の訪問は個人単位のヴァーチャルオンライン見学に切り替えられた。生徒には夏休みの宿題として戦争と平和に関する国内外の博物館のホームページを閲覧し，メッセージや表現の技法をパワーポイントにまとめる課題が与えられた。生徒が最終的に調査対象に選んだのは，以下の博物館だった。選択者が多かった順に，平和祈念資料館（沖縄），アンネ・フランクハウス（オランダ），太平洋戦争博物館（アメリカ），国立軍事博物館（オランダ），戦争記念館（韓国），LGBT歴史博物館（アメリカ），三良坂平和美術館（広島），安福寺・平和についての資料館（広島），大和ミュージアム（広島），札幌平和バーチャル資料館（北海道），原爆の図　丸木美術館（埼玉），である。

夏休み明けの報告会を経て，クラス全体では各博物館の展示の比較分析を試みた。またその結果を受けて「博物館が展示しているのは歴史か記憶か」「教科書と博物館が似ているところ」について意見交換を行った。そして（非）平和な状態の示し方には立場によって違いはあれども，博物館は教科書同様に共同体の集合的記憶を伝える役割を担うことが確認された。また広島にある学校として「平和」を語り伝えていく責任についても共有された。

このCプロジェクトの成果集約からDプロジェクトの活動へは連続的に移行し，「平和×あなた―あなたにとっての平和とは何ですか―」をテーマとする「HiGAミュージアム」の企画・展示が進められた。「HiGAミュージアム」は校内のオープンスペースを10区画に分割して開設されるもので，展示品は生徒がもつタブレットやノートパソコンを駆使して作成された。10区画の最終ブースには，生徒一人一人と担当教員の平和の定義を紹介する動画が投影された。博物館は学校のProject Dayに保護者や地域住民を対象に公開されるとともに，生徒が展示内容を解説するオンラインのギャラリートークは，Zoomで全国に配信された。そこでは子どもと識者が直接質疑を交わす場も設けられた。例えば，歴史観を異にする他者との対話や過去を許すことの大切さを説く中学生に対して，原爆文学を研究する川口隆行は「（発表者らの）対話の対象とはなっていない他者を発見したり，対話を拒絶する他者をも巻き込んで対話できる関係を築いていく責任」を指摘し，生徒の歴史認識の枠組みに揺さぶりをかけるなど，議論は白熱した（EVRI，2020b）。

本実践の特質とは，歴史的記憶について対話する公共空間が教室を越えて構築されている点であろう。世界には，「戦争」を自由の実現と独裁者からの解放を視点に記述する言説もあれば，侵略や殺戮，庶民の被害を軸に記述する言説もある。「平和」を暴力・核兵器の不在と復興に焦点化して伝える展示もあれば，人権と共生の実現として伝える展示もある。このような世界の多様な語りにホームページで出会い，その批評を踏まえて私たちの語りを紡ぎ出してオンラインで発信する。さらに発信された記憶のあり方をめぐって，見解を異にする他者と対話を繰り返す。この過程を端末やオンライン会議システムを媒介に表現することで，展示と対話の場を空間的に拡張させていた。第2類型の実践には，人が「場」を共有せずとも公共空間を成立させるICT環境の潜在力と，それを使うことで実現される教科の理念と方法が示唆されている。

❺ ポスト・コロナで岐路に立つ教科教育

最後に本稿で示した類型と取り組みから導かれるポスト・コロナの教科教育の姿を3段階に分けて展望したい。

第1に，教科教育が成立する場が拡張することである。近代学校制度の所産である黒板とそれに正対して配置された机・椅子は，トーク＆チョークと一斉指導による標準化された知識の伝達をアフォードしてきた。しかし，学習を教室や学校に完結させないICT環境は，従来の物理的構造にそなわる諸作用に対抗するインフラとして機能する。仮に非接触コミュニケーションというポスト・コロナの新たな日常が学校という特殊空間でも部分的にも受け入れられたならば，この動きは加速するかもしれないが，見解の対立は大きく（草原，2021，pp.4-6），現時点では未知数である。

第2に，教室空間における教師－子ども関係の再構築を余儀なくされることである。教え・学びの当事者が教室空間を越えて存在するとき，教師は決して最高位の知識の保持者でもないし，唯一の指導者でもない。例えば，「挑戦状」シリーズでは，教師は校外の専門家と子どもをつなぐ仲介人に過ぎなかったし，「COVID-19」では，資料の読解と課題解決を助ける支援者だった。「HiGAミュージアムをつくろう」では，展示づくりのための情報や物品を提供する知的ゲートキーパーと展示解説の円滑な司会者としての役割が期待されていた。学習者の存在も，外見や素性を知り尽くした隣席の友人に限られない。「挑戦状」シリーズでは，自分の解答がインターネットに公開され，不特定の学校・生徒に閲覧される事態は所与の条件となっていた。本稿では十分に言及できなかったが，「HiGAミュージアム」に先行して実施された「アメリカの小学生と教科書を作ろう！」では，言葉も歴史観も異なる異国の子どもが一度も会わずに対話を続けて作品を作り上げていた。このようにポスト・コロナの教科教育では，教師・子どもの非対称的な権力関係はおのずと崩れていき，見知らぬ他者との関係構築が新たな課題として浮上してくるだろう。

第3に，教科教育は社会の民主化を支える学習の拠点となりうることである。第1と第2の展望が現実のものとなり，教科教育が，匿名の他者，高度な専門性や影響力をもつ他者，異なる立場・境遇の他者とつながる場として，また探究の成果を他者に開いていく場として機能するようになれば，人々の対話は促進され，各教科は知識構築と社会デザインの拠点となっていくだろう。そのとき教科は総合的な学習や特別活動に代わってその役割を牽引することになるが，逆に第1，第2の展望が破綻すると，教科はこれらの領域からの浸食を余儀なくされるだろう。ポスト・コロナの教科教育は，まさに自己変革に向けた岐路に立っているのである。

参考文献

・金鍾成・渡邉巧・草原和博・川口広美（2020）「オーストリアの政治教育の教師は政治的中立性をどのように理解し実践しているか？―日本の社会科教育の再政治化を目指して―」『社会科研究』92, pp.81-97.

・草原和博・吉田成章（2020）「巻頭言」広島大学教育ヴィジョン研究センター編『ポスト・コロナの学校教育』溪水社，pp. i - ii .

・草原和博（2021）「ポスト・コロナの学校教育を問う」広島大学教育ヴィジョン研究センター編『「コロナ」から学校教育をリデザインする』溪水社，pp.1-7.

・桑原敏典（2012）「社会科学科としての社会科」社会認識教育学会編『新社会科教育学ハンドブック』明治図書，pp.76-83.

・渡部竜也（2012）「社会問題科としての社会科」社会認識教育学会編『新社会科教育学ハンドブック』明治図書，pp.93-101.

・広島大学教育ヴィジョン研究センター（EVRI）（2020a）「社会科教科書執筆者からの挑戦状（https://evri.hiroshima-u.ac.jp/chousen_jou）.

・広島大学教育ヴィジョン研究センター（EVRI）（2020b）「EVRI- 広島叡智学園 共同研究プロジェクト（https://evri.hiroshima-u.ac.jp/evri_higa）.

・外池智（2021）『2018-2020度科学研究費補助金基盤研究（c）研究成果報告書「地域における継承的アーカイブと学習材としての活用』.

・リンダ・S・レヴスティク，キース・C・バートン／渡部竜也・草原和博・田口紘子・田中伸（訳）(2015)『コモン・グッドのための歴史教育―社会文化的アプローチ―』春風社 .
・渡部竜也・井手口泰典（2020)『社会科授業づくりの理論と方法―本質的な問いを生かした科学的探求学習―』明治図書 .
・World History Digital Education Foundation（WHDE）and the National Council for the Social Studies（NCSS）(2020). *HISTORY AND GEOGRAPHY OF A PANDEMIC Lesson Module*（https://www.worldhistoryde.org/covid-19/）

4　変わらない言語教育の課題と，言語教育の向かう道筋：外国語教育を中心に

中京大学　亘理　陽一

❶ コロナ禍で授業でのコミュニケーションは奪われたのか

「全員マスク着用で，距離をおいて，ペア活動などはなるべくしないようにという指示があった。どうしたらよいのか」「今の状況でどのようなコミュニケーション活動ができるのか。コミュニケーション活動なしに集まって授業をする意味があるのか」先生方からのこうした相談が，2020年の全国一斉臨時休校ののち，校種を問わず私のもとに寄せられるようになった。小・中学校用の外国語科用検定教科書を開いてみれば，多くの課が登場人物2人の対話音声・動画や対話文を中心に構成されており，児童・生徒はそれをそのまま模倣・音読したり，それをモデルに構成した対話を交わしたりしてきた。今は高等学校の授業でも，少なくとも私が見聞きする範囲では，1時間の授業の中にペア・グループ形態での生徒同士のやり取りが一切入らないことのほうが珍しい。何らかのかたちでの児童・生徒同士のやり取りが英語授業にとって必須のものだという考えを，コロナ禍以前は多くの英語教師が持っていたといえる。

「生徒が英語に触れる機会を充実」させ，「授業を実際のコミュニケーションの場面とする」ことは現行学習指導要領の要請でもあり，こうした考え方は至極当然のものである。コロナ禍でのコミュニケーションの制限は，互いにやり取りする練習や交流の機会を喪失するだけでなく，そこから「話すこと」の指導のためのフィードバックを得たい教師にとって，話す際の言語的・非言語的振る舞いの観察を脅かす事態となった。

そうだとすれば，外国語科の授業づくりに実践的に関与するかたちでの教育方法学研究は，感染リスクに配慮したコミュニケーション活動のアイデアを並

べたり，教科指導としての妥協点や凌ぎ方に対する方向性を示したりすべきだろうか。本稿はそうした立場を採らない。むしろこれまでの前提が果たして外国語科の授業の目的・内容・方法に照らして妥当だったといえるのか，あるいは本当に「実際のコミュニケーションの場面」となっていたのかということを改めて問い直すべきだと考える。対症療法的な対応の工夫は個別の事例として蓄積することも必要であろうし，教育方法学者の知見がそこに活かされることもあって当然構わないが，コロナ禍以前の英語教育に無条件に肯定される理想の姿があったわけではない。感染リスクのみが外国語やそれを用いた言語的コミュニケーションの教授・学習を妨げているわけではなく，コロナ禍の様々な実態がその意義に気づかせる部分がある一方で，教科固有の課題や，それを通じて明らかとなる授業一般の課題もあるだろう。本稿は，外国語教育の課題からその投射を試みる。

❷　会話の特性からみる外国語教育の課題

「コミュニケーション」と聞いて多くの人がイメージするのは「話すこと」である。当然ながら「コミュニケーション」は話すことに限られるものではないが，書くこと・読むことそれ自体に感染リスク上の問題があるとは考えにくく，先生方のこれまでの英語授業に対する上述の想定や懸念も主として話すことに関わるものであろう。

Thornbury and Slade（2006, pp. 5-23）は，「会話」（conversation）の特性として以下の7つを挙げている。

［i］　口頭で行われる
［ii］　リアルタイムで進行する
［iii］　共有された文脈の中で起こる
［iv］　双方向のものである
［v］　対人関係に関わる
［vi］　くだけた言葉で行われる
［vii］　アイデンティティを表現する

これをもとに，これまでの多くの授業でのやり取りによる言語使用がどういうものであったかを検討してみたい。

（1）話し言葉が顧みられてきたか

［i］の「口頭で行われる」ということは一見明白なことにみえるが，これまで英語の授業で行われてきたやり取りがこの特性を真剣に考慮してきたといえるかどうかは疑わしい。というのは，この特性は，書き言葉とは異なる媒体（mode）としてそれが選択され，抑揚やテンポ，声色などの韻律的特徴が，伝達上きわめて大きな役割を果たすということを意味しているからである。

例えば返答の“Yes”という表現ひとつ取っても，その言い方次第で全面的肯定から渋々の承知や疑いまで，様々な意味を表現し得ることは，母語に照らしてみればよく分かるはずである。Yさんが先生に「なんだその返事の仕方は！」と怒られたのはどういう「はい」だったからだろうか。友人の提案にどういう「うん」を言うと，「何か納得いかないことでもある？」と感づかれてしまうだろうか。あるいは相手の確認に思わず“Yes, yes!”と連呼する時，英語話者に伝わるニュアンスは日本語の「そう，そう」と同じなのか違うのか。

つまりここでは，授業で児童・生徒に求めてきたペア活動が，何らかのかたちで自らの発する声の吟味を要請し，その活動を通じて，英語における上述の韻律的特徴に気づいたり，そのコントロールの精度を磨いたりすることに繋がるようなものであったかどうかが問われている。仮に教科書やワークシートの文が棒読みされるだけの活動であったとすれば，そこに取り戻すべき「やり取り」があったとは言い難い。われわれが考えなければいけないのは，児童・生徒にとって，声があって初めて感情や意図の伝達を実感できる英語でのコミュニケーションとはどういうものかということである。また，それに対して，コロナ禍では，マスクによって声がくぐもりがちで，顔の下半分の表情が読み取りにくいという現状を各々がどう捉え，自他のために何ができるかを考えてもらうことが必要である。

もちろんThornbury and Slade（2006）は，口頭でしか会話が成立しないとは述べていない。例えば現在のスマートフォンやコンピュータ上でのチャットは書き言葉での会話だといって差し支えない。したがって，授業中のメッセージの伝達において韻律的特徴が教育内容に関わらないのであれば，紙や端末を通じた文字でのやり取りでも構わないということになる。ただし，そうしたやり取りにおいても，ＹＥＳ.と綴るのかYeeeees!!!と綴るのか，あるいはyeahなのかyupなのかといった選択で意味の伝わり方は全く異なってくる。そうしたエモーショナルな側面に関して，英語の書き言葉の会話にどのような選択肢があり，なぜ文脈によってその意味を帯びるのかを理解するためには，口頭で行われる会話の経験やそれについての理解の支えが必要となる。果たしてそれは，距離の近い二者間のやり取りでなければ得られないものだろうか。

上記に関連して［vi］の「くだけた言葉で行われる」ことについていえば，授業での英語使用において，フォーマリティ（改まり具合）のために用いる語句や発音の選択が真剣に問われたことはほとんどなかったといってよい。ドラマや映画に影響された生徒が上掲のyeah/yupのような表現を場面や相手に構わず用いた際，授業者やALTにたしなめられるということはあるかもしれない。しかし，そもそも教える側が児童・生徒と話す際に好んで用いるのはくだけた英語であり，英語の適切なフォーマリティは互いの地位や肩書きによって固定的に決まるものではないため（それ自体，日本語との違いにおいて興味深い教育内容となるトピックではあるが），フォーマリティの選択が問題になるのはどちらかといえば書き言葉においてであろう。コロナ禍それ自体が求められるフォーマリティに影響を与えるわけではなく，外国語教育がそれについて長く課題を抱えてきたというわけではないが，WebやSNSを通じて多様なフォーマリティの英語に触れる機会が今後ますます増えていくと考えられる。その違いを理解し，お互いに顔の見えない状況で英語を発信する際，相手に誤解を招かないよう，目的・場面・状況に応じたフォーマリティの選択ができるようになることは，（教科研・国語部会の言い方を借りれば）「すぐれた言語のにない手」の指導目標には含み得るだろう（奥田・国分, 1964）。

(2) 双方向性と偶発性は発揮されていたか

会話がリアルタイムで進行するという［ii］の特性は，あらかじめ定められた台本を演じるのでもない限り，最初から最後までの全ての発言が整った文で，予定調和的に展開することはないということを意味している。という一文を私はよどみなく一気にタイプしたわけではなく，「あらかじめ定められた台本を演じるのでもない限り」という限定を後から追加し，その位置を動かして文のリズムを整え，「こと」を「[ii]の特性」に変えるといった推敲作業を行なった上で提出した。このように，書き言葉の場合，読み手はその途中経過を知ることなしに，整った文を読むことができる。

しかし，これも母語での場合を考えてみればすぐわかるように，会話においては言い淀んだり語句を繰り返したり，必要に応じて言い直したりしながら，断片を連ねていくのが当たり前である。講演で同じことを話したとして，録音を文字に起こせば，「えーと，まあ，会話がリアルタイムで，その，進行するっていうことですね，特性，これがあるのでー，で，あらかじめ定まった，定められた台本を演じるっていうわけには，そうでもない限り…」といった調子になるだろう。講演のように一方的に話す場合は話の展開や終わりを話し手がコントロールでき，原稿を用意して練習の上で臨めば立て板に水の如く話すことも可能だろうが，「会話」は[iv]にある通り，やり取りは双方向的なものであり，お互いの反応を全て予測して応答できるわけではない。だからこそ言い淀んだり，語句を繰り返したり定型句に頼ったりして，息継ぎをするように次に何を言うかを考える時間を稼ぎながら，刻一刻と進行する会話の波を泳ぎ続けるのである。

果たしてこれまでの外国語授業でのコミュニケーション活動は，そうしたリアルタイムの双方向的・偶発的展開が十分に発揮され，そのおもしろさや難しさが児童・生徒に実感されるものとなっていただろうか。仮に教科書やワークシートのスキットをそのまま覚えて再生することが求められるようなやり取りであれば，リアルタイムの特性はほとんど失われており，相づちを打ったとしても実感は伴わず，タイミングに合わせてそれぞれが端末に録音する形でも結果は変わらないことになる。極端なことをいえば，一方的に話すことの練習だけなら，話しかける相手は人形や自動応答する端末でも構わないのである。「誤りなく，成功しかしない，予定調和的コミュニケーション」に教師も児童・生徒も囚われていると，教室の内外で英語を使用する機会があった時に，こういう文を言うのが正しいという確信を持てない限り発言できず，本当は言いたいことがあっても沈黙を余儀なくされてしまうだろう（亘理, 2021, p. 195）。

このように整理すると，われわれの意識はメッセージを発信する方ばかりに向きがちだが，やり取りの維持・展開においてそれと同じかそれ以上に重要なのは「聞き方」だともいえる。それは，ただ黙って聞いていることを意味するわけではない。聞き手は頷いたり，yeahやreally，mm のような表現を用いたりして耳を傾けていることを明示し，話し手に発言の続きを促す。こうした「相づち表現」には，Do you? Are you? Did you?（そうなんですか）のような修辞疑問や，（例えば本節冒頭の一文を私が口頭で伝えた際に，インタビュアーが「予定調和的に展開することはない，なるほど」と受けるように）相手の発言の一部または全体を繰り返すような「エコー応答」も含まれる（Richards, 2015, p. 409）。

ペアやグループでやり取りする機会がなければ，児童・生徒がこのような能動的・協力的聞き手の役割を担えないわけではない。むしろ教室全体，あるいは教師に向かって話す際に，こうした聞き手の存在が極めて重要な意味を持ったり，オンライン通信時のうなずきや，チャットやアイコンを通じてのリアクションが似た役割を果たしたりする。授業でのやり取りにおいて失ってはならないのはこの双方向性であって，児童・生徒にとってメッセージの内容以上の重要性を帯びることも少なくない。

学習指導要領でも「言語の働きの例」として「コミュニケーションを円滑にする」働きに，「挨拶をする」「呼び掛ける」「話し掛ける」などと並んで，「相づちを打つ」「聞き直す」「繰り返す」が挙げられている。「話すこと［やり取り］」の項でも，「会話を継続・発展させるために必要なこと」として，「相手に聞き返したり確かめたりする（Pardon? You mean..., right? など）」ことや「相づちを打ったり，つなぎ言葉を用いたりする（I see. Really? That’s nice.など）」ことが挙げられているが，それに続くのは「相手の答えを受けて，自分のことを伝える（I like baseball, too.など）」「相手の答えや自分のことについて伝えたことに『関連する質問』を付け加える（What kind of Japanese food do you like? How about you?など」であり（文部科学省, 2017, p. 61），「言語の働きの例」の表現例をみても，ペアでのやり取りを念頭に置いて，相手の話に耳を傾け続きを促すためというよりは，メッセージの発信を中心に置いて会話を捉えているように思われる。

(3) 文脈を構築・吟味して対話は紡がれてきたか

やり取りがリアルタイムで生じるからといって，その展開の一切が全く予測不能だということは意味しない。自分の言ったことに相手が“Yes, and ...”と応答すれば，相手から何か情報や論点が追加されることが予想され，それが“Yes, but ...”であれば別の角度からみた論点や部分的反論が提示されるだろう。やり取りのそうしたあり得る展開（についての言語に特有の現れ方；Cf. Couper-Kuhlen & Selting, 2018や津田ほか, 2015）や，意図を捉え損ねてすれ違ったりうまく運ばなかったりした事例（例えばスペンサー＝オーティー , 2004）について，全てを児童・生徒間の活動に委ねるのではなく，教室全体で吟味することも「コミュニケーション活動」のかたちとして検討されてよい。問題は，前後に配置される，省察を引き出すための，あるいは理解したことを適用してみるために提供される経験が，児童・生徒の中でそこにつながっているかどうかである。

［iii］に「共有された文脈の中で起こる」とあるように，会話において話し手と聞き手は「いま・ここ」の状況に加え，様々な社会的・文化的文脈を共有していることが多く，そのことが言語的手段において代名詞や直示表現，省略・代用表現の使用を自然なものとし，会話特有のディスコースをもたらす。仮に利用できる共有の文脈が乏しかったり，いずれかもしくは双方に自覚されていなかったりしても，やり取りを通じて共通の基盤を作っていく。しかし，書き言葉の場合はそうはいかない。例えば別の学校に通う誰かにメールや手紙で「昨日の授業で，あの宿題のことでYさんが怒られたのは，彼があんな返事をするから」と書いても，もし日付の記載がなく書かれた日に読まれなかった

とすれば，いつのどの授業のことを指すかは伝わらず，その場面に居合わせたか，この文の前に詳しい説明が与えられているのでない限り，どういう内容の宿題で，具体的にどういう返事の仕方だったかは読み手には分からない。そもそも読み手がYさんのことを知らなければ，「彼」がYさんを指しているのか別の男性を指しているのかも曖昧である。

こうした点が児童・生徒同士のやり取りで見過ごされ，書いたものを読むだけになっていないか，あるいは逆に話したままを書いていないかを，従来のペア・グループ活動はどれだけ気にしてきただろうか。そして共有された文脈への依拠の仕方は，話し言葉という括りの中でも教室，屋外，電話等々の場面によって異なる。感染リスクに配慮した遠隔通信や事前撮影した動画のほうが，かえって共有された文脈や，共有されていない文脈の問題に気づきやすいということは十分考えられるのである。

教室でのやり取りがそこにいる者の文脈を当然視させやすいということにも注意を払いたい。例えば，以前参観した中学校のある授業で，今度他県からその地域を訪れる予定のALTの弟のために，学習したenjoy -ingの形を用いて，訪れるべき場所をALTに紹介するという活動が行われた。教育内容構成の是非は措くとして，書いた文章を元にした周囲の生徒同士のやり取りを経て，授業者が何人かの生徒を指名しALTに向けて伝達した際，生徒の一人がコンビニエンスストアの名前を挙げた。地域で唯一のコンビニで，生徒たちにとってa place to visitであるのは間違いない。しかし，その地域より都会である場所から来るALTの弟にとってはどうか。当のALTは取り立てて意味のある反応はみせず，観光ガイドに載るような場所を言わせたい授業者が間に入って軽く流してしまったが，どちらであれ，ALTの弟にとってコンビニが珍しい場所といえるかどうかを問いかけ，自分たちと相手の文脈の異同に目を向けさせるべきだったといえる。他方で，その店舗が地域唯一のコンビニであるが故に，地域の土産物を扱っている点でユニークなのも事実であり，当該生徒が「お土産が買える」という意図でそこを薦めたのだとすれば，それを引き出し共有するのも授業者の役目だろう。たとえコミュニケーション活動が問題なく実施できたとしても，そうした外国語の学びに関する対話を欠く授業はこれまでもたくさんあった。

コロナ禍によって行動範囲や機会が制限され，児童・生徒の社会との接点や集団での交流機会が前より狭まっているとすれば，教室において教室外を意識したコミュニケーションの機会を保障することは一層重要となるかもしれない。しかしそれは，単純な量の問題ではなく，質の問題として考えるべきだろう。

(4) 互いの関係性と自他の個別性が尊重されてきたか

[vii] の「アイデンティティを表現する」ことがどのような形で保障されていたのかということが，これまでの教室でのコミュニケーション活動について最も懸念されることであり，[v]「対人関係に関わる」ことへの配慮こそがコロナ禍であっても児童・生徒のやり取りから最も奪われてはならないものである。そして両特性は密接に結びついている。

やり取りのコミュニケーション活動としては，社会的交流にではなく，事をなすことにフォーカスのある「トランザクション」(transaction) が選ばれやすい (Richards, 2015; 亘理, 2021)。言語使用上の目的・場面・状況の設定がしやすく，物や代金の受け渡し，交渉の成立といったかたちで成果がみえやすいからである。しかし，たとえ目的が明瞭で納得した上での取り組みだったとしても，やり取りの目的全てがトランザクションになることはない。それは現実の注文や予約のトランザクションであってもそこから交感的会話が膨らむことがあり得るのと同様であるが，教室での児童・生徒同士のやり取りの場合は特にその性格が強まると考えられる。英語教師が授業でのコミュニケーション活動を重要視してきた理由にも，集団内の関係形成というねらいが一定程度あるだろう。他方，small talkと呼ばれる短いやり取りも含めた，社会的交流そのものを主目的とする（といってもトランザクションのような「成果」を意識して，そのために行われるわけではない類の）会話の活動に，会話を会話たらしめるその特性が欠けていると思われることも少なくない。

小中学校の英語の授業では，好きなものやしたいことを伝え合う際，教室を歩き回ってやり取りをする相手をみつけ，それぞれから得た情報をワークシート等に記録するという形の活動が頻繁に行われてきた。回答に多様性があって，お互いが持っている情報の違いがメッセージ伝達の必然性に繋がり，複数の相手とやり取りすることで練習を重ねられるというのが第二言語習得研究上の理屈である。例えば小学校5年生には，お互いに行きたい国を選び，そこでしたいことを伝える活動が用意されている。しかし実際には，伝える相手をみつけては “Hello. I want to go to Italy. I want to eat pizza. I want to visit ...” とまくし立て，相手は黙ってその情報をワークシートに書き留め，終わると相手も同じように一方的に情報を伝え，“Bye.” といって次の相手を探すというような，伝言ゲームか暗号の受け渡しのような，やり取りとは名ばかりの授業となっているケースもみられる。それをビンゴ形式という（ゲーミフィケーションにとってもはた迷惑な）「ゲーム性」で糊塗することもよくある。

現行の検定教科書はそこまで粗雑ではなく，“Where do you want to go?” といった質問を投げかけて相手の発言を引き出すようにはなっている。しかし，なぜ行きたい国をその相手から訊きたいのか，あるいはなぜその相手に伝えたいのかは不問にされていることがほとんどであろう。（ロールプレイとしてであっても）旅行代理店として人気の国を調査している，あるいは与えられた日程や予算で実行可能なツアーの同行者をクラス内で探しているといった動機でもないのであれば，行きたい国を同じくする者が集まって各々が思うmust-see doを語り合うほうが，まだしも互いに共感を得られたり自分に関わりのある情報が得られたりする（し，後で他の集団に報告しがいがある）のではないだろうか。仮にこの指摘に納得が得られても，そうした詳しい動機の設定や複雑な形態での実施は授業者にはなかなか好まれないだろう。なぜなら児童に求められる英語運用能力や認知的負荷が高くなり過ぎるからである。しかし，そうだとすれば，そもそも教室を歩き回って児童たちがやっていることに，ことばの教育やコミュニケーションの教育としてどういう意味があるのか，そして子どもたちの外国語コミュニケーション観の形成という点から，コロナ禍でそれが奪われたことにどういう影響があるのかを再度考えてみるべきである。

清水（2017）は，筒井（2012）の研究に基づき，「雑談」の構造を下のように整理している。そして筒井が提示した話題の開始からの発話の続き方（連鎖組織）の30種類のパターンが「承認」「理解」「評価」「納得」「同意」「共感」「受け入れ」などの「相手が言われてうれしい発話」で締め括られ，「特に『承認』で終わるパターンが10種類と最も多く，次いで『理解＋評価』（4種類），『評価』（3種類），『納得』（3種類）」であることを指摘している（清水, 2017, p. 74）。好き嫌いやしたいことを通じて自己を表明したり，他者を理解したりさせようとする学習指導要領・検定教科書のねらいが的外れということはないが，これまでの英語授業，ないしはコミュニケーション活動で多くの場合欠けていたと思われるのは，回答の要求や自発的な情報提供以外の，知識や経験の共有の試みや，特定の誰かにではなく他者と共有している場に向けた問題の提示を通じて，それを行う言語使用のあり方である。そして，いずれのパターンについても，お互いに相手の発言におざなりでない承認・評価をしたり，理解や共感を示したりする経験，そしてそのための教授・学習である。

表１　「雑談」の構造（清水，2017，p.68）

参加の枠組み	知識・経験	情報伝達の方向性		開始発話
対話	非共有	要求	→	〈質問〉
		提供	→	〈報告〉
	共有	要求・提供	→	〈共有〉
独話	非共有	–	→	〈独り言〉

❸　外国語教育（研究）はどこに向かうべきか

本稿では，コロナ禍による抑止・剥奪が深刻とみなせるほど，これまでの外国語教育が授業での活動においてコミュニケーションを大事に扱ってきたといえるかを会話の特性から問い直してきた。それでも，これまでのようなやり取り・発表の活動ができないことを少なからず残念に感じている児童・生徒は多いと思われる。しかしそれは，授業を構成する一員として，同じ空間で，声や視線を交わしたり，触れ合ったり，身振りや反応を共有したりする時間によって（大半はそれとは特に意識せずに）満たされるものがあるからで，外国語としての英語の教育内容・方法が必ずしもそれを直接もたらすことに成功してきたわけではないことに留意すべきである。

そうしたコミュニケーションの身体性は，学校内外の日常生活と地続きのものである。つまり，他の授業や休み時間も極力会話は控え，給食は前を向いて黙って食べることを求められている児童・生徒が，仮に許されたとしても，英語の授業時間になった途端，別の空間に移動したかのように集団の中で溌剌とした振る舞いをみせるとは考えにくい。われわれが心配すべきなのは，授業でのペアやグループでの活動が抑止されていることなどではない。日常的に他者との接触や感情の解放を長期に渡ってあるいは繰り返し抑制され続けることにより発生する問題である。それは，(a) 児童・生徒の心身の発達に与える影響であり，(b) 互いのコミュニケーションの見方やあり方を変容させる可能性であり，(c) 母語や外国語で実際にやり取りを行う能力（Celce-Murcia, 2008）の発揮や伸長に与える影響であろう。

教授・学習の全般に関わる (a) については各レベルでの今後の長期に渡る調査・観察の慎重な分析に委ねるべきとしても，言語教育が (b) や (c) に対して授業を通じてできることは多くある。外国語教育がなすべきことは，これまでのコミュニケーション活動の快復に拘泥することではなく，前節で述べたやり取りの欠いてはならない特性がどうすれば護られ，子どもたちを取り巻く今の状況で拡充して行けるか，そのためにどのような環境整備が必要かを考えることである。その前に，コロナ禍で自分や他者に必要なことばとはどのようなものかを考え，外国語を学ぶ目的を改めて見直すことも必要かもしれない。

上述の通り，学校や教室での言語使用が不当に制限されていないことは，ことばの教育の前提条件であるが，外国語教育にとってそれだけでは十分とはいえない。多くの児童・生徒にとって，外国語はまだ自分の日常に「かかわることば」としては存在していないからである（佐藤・佐伯（編), 2017)。外国からの観光客が激減し，海外との行き来やALTの往来が容易ではなくなった現在，そうしたみえやすい繋がりに頼るのではないかたちで，外国語とかかわる回路や社会的・文化的側面に出会わせていくことも授業者には求められるだろう。そこには，好きな日本のアニメや漫画を海外に向けて発信するといったことも含まれてよいが，もっと「ローカルな社会的実践」として（榎本, 2021），たとえば地域に住む外国語話者の視点で言語使用環境を検討し，その課題解決のために自分たちが何をすべきかを考え行動するといった方向性があり得る。

もちろん現状としては，日本の学校に通う大半の児童・生徒にとって，近年諸外国でtranslanguagingとして議論されている，各自がリソースとし得る複数の言語が必要に応じて交差するような状況が日常にあるわけではない（Canagarajah, 2013）。しかし一方で英語の授業では，日本語を中心とする母語と英語のあいだで，教室に特有のそれが常に生じているともいえる。外国語の教育方法学研究はそこに目を向け，授業中のコミュニケーションにおいて児童・生徒が何を伝えたかったのか，母語と英語とで伝わったことや伝わりにくかったことの異同をどう受け止めたのかを汲み出し，（他に）どう言い表すことができたのか，そもそも何を理解し何を伝えるべきだったのかを省察・共有する実践を積み重ねていくことが重要であるように思われる（榎本, 2019や東條, 2018が別のアプローチからそれに連なる研究として参考になろう）。本稿で提示したコミュニケーション（教育）観はそのための一つの視座となるだろう。

参考文献

・Canagarajah, S.（2013）*Translingual practice: Global Englishes and cosmopolitan relations.* Oxon, UK: Routledge.

・Celce-Murcia, M.（2008）“Rethinking the role of communicative competence in language teaching” In E. Alcón Soler, & M. P. Safont Jordà（Eds）, *Intercultural language use and language learning*（pp. 41-57）. Dordrecht: Springer.

・Couper-Kuhlen, E., & Selting, M.（2017）*Interactional linguistics: Studying language in social interaction.* Cambridge University Press.

・榎本剛士（2019）『学校英語教育のコミュニケーション論』大阪大学出版会 .
・榎本剛士（2021）「対抗する言葉としての『コミュニケーション』」柿原武史・仲潔・布尾勝一郎・山下仁編『対抗する言語』三元社，pp. 275-299.
・文部科学省（2017）『中学校学習指導要領（平成 29 年告示）解説 : 外国語編』
・奥田靖雄・国分一太郎（1964）『国語教育の理論』むぎ書房 .
・Richards, J. C.（2015）*Key issues in language teaching*. Cambridge University Press.
・佐藤慎司・佐伯胖編（2017）『かかわることば』東京大学出版会 .
・清水崇文（2017）『雑談の正体』凡人社 .
・ヘレン・スペンサー＝オーティー（浅羽亮一ほか訳）（2004）『異文化理解の語用論』研究社 .
・Thornbury, S. & Slade, D.（2006）*Conversation: From description to pedagogy.* Cambridge University Press.
・東條弘子（2018）『中学校英語科における教室談話研究』風間書房 .
・津田早苗・村田泰美・大谷麻美・岩田祐子・重光由加・大塚容子（2015）『日・英語談話スタイルの対照研究』ひつじ書房 .
・筒井佐代（2012）『雑談の構造分析』くろしお出版 .
・亘理陽一（2021）「外国語コミュニケーション」石井英真編『流行に踊る日本の教育』東洋館出版社，pp. 173-198.

5　実践を「他人事」として捉えない教育方法学に向けて

—教育方法学者と教師教育のコロナ禍のもとでの問い直し—

東京学芸大学　**渡辺　貴裕**

❶ 問題設定

2020年2月末以降，新型コロナウイルス感染症（COVID-19）がもたらした困難状況（以下，コロナ禍）により，学校教育も大学教育も，これまで行ってきたようなかたちでは，教育活動を続けられなくなった。休校／休講期間中の対応，遠隔授業の活用，「三密防止」のための対策などを迫られることになったのである。

これらのなかには，コロナ禍以前からの動きと呼応して展開したものもある。コロナ禍のもとで脚光を浴びたオンライン学習については，小中高の場合であれば，「Society5.0」といった社会像や「GIGAスクール構想」のもとで，デジタル端末やクラウドの活用が2019年末にはすでに推進されていたし，大学の場合であれば，moodleなど各種e-learningシステムが2010年代を通じて台頭していた。もちろん，コロナ禍は，必ずしもそれらを，本来意図されていた方向に後押ししたとは限らず，むしろ，偏ったイメージ（例えば，オンライン学習＝対面授業の代替，といったイメージ）をもたらしてしまった面もある。けれども，それも含めて，こうした呼応は，コロナ禍によって生じる学校教育や大学教育の変化が，決して一過性のものではないことを示している。

それでは，そうした変化が生じているなかで，教育方法学を専門とする者(以下，教育方法学者）はどのように教師教育を行っていけばよいのだろうか。

この問いは，大学で教職関連の科目を教えたり学校や教育委員会で教員研修を担当したりしている教育方法学者らが，まさに2020年度に突きつけられたものであろう。目先のこととして，以前と同じやり方で行うことができなくなった，自分が担当する授業や研修をどうするのか，という問題もあったし，また，もう少し先を見据えたこととして，変化を迫られている学校現場に出ていく（戻っていく）学生たちに対して何をどう育てればよいのか，という問題もあった。

もっとも，こうした教育方法学や教師教育の問い直しは，単に「ビフォアコロナ／アフターコロナ（ウィズコロナ）」のように切り分けて，「これまでは○○が必要だったけれども，これからは○○が必要になる」といった図式でもって語られるべきものではない。むしろ，コロナ禍というイレギュラーな事態に直面したことで，これまでも大事だったはずだけれども意識が向けられなかった部分，意識せずともやってこられていた部分が表面化し，その重要性や課題などがより明確にみえてくるようになったものとして捉えられるべきだろう。

筆者もまた，2020年度，コロナ禍に翻弄されながら，大学での授業をはじめとした教師教育に取り組んだ教育方法学者の一人である。コロナ禍をどう受け止め，どのようにそれを行い，そこで何を考えたのか。本稿では，そうした筆者自身による取り組みの事例をもとに，教育方法学者が行う教師教育のあり方や教育方法学そのもののあり方の問い直しを行うことにする。なお，紙幅の都合により，今回は，教師教育のなかでも特に大学での授業を取り上げる。

❷　コロナ禍を受けての授業開始までの動き

簡単に筆者の背景を説明しておく。筆者は，2020年度の時点で，大学教員16年目。京都大学大学院教育方法学研究室の博士後期課程を出たあと，私立大学の教職課程，私立大学のこども学科（保育士・幼稚園教諭・小学校教諭の養成）を経て，2013年10月から現職の東京学芸大学教職大学院の教員に着任。小中高での勤務歴はなく，教職大学院では研究者教員に該当する。専門は教育方法学・教師教育学で，主に，演劇的手法を用いた学習や，対話を通した実践の省察について研究してきた。学校での授業研究や校内研究には，演劇的手法関連のものから授業改善一般まで，広くかかわってきている。

表1　2020年度前期担当科目の基礎情報

科目名	対象学年	受講者数	概要・備考
授業実践研究（2クラス）	1年次	55 / 46	教職大学院全体の必修科目。教職大学院の「共通5領域」のうちの第2領域「教科等の実践的な指導方法に関する領域」に相当。計5クラス開講のうちの2クラスを担当。
カリキュラムデザイン・授業研究ⅠⅡ	1年次	39	教職大学院内の「総合教育実践プログラム」の必修科目。「実践からの学び方のトレーニング」をねらいに掲げる。他5名の教員と共に担当し，2コマ連続での開講。
カリキュラムデザイン・授業研究Ⅴ	2年次	11	カリキュラムデザイン・授業研究Ⅰ～Ⅳ既修者向けの選択科目。他1名の教員と共に担当。
総合教育実践演習Ⅰ	1年次＆2年次＊	11	「総合教育実践プログラム」の必修科目で，他2名の教員と共に担当するグループゼミ（計6グループあるうちの1つ）。課題研究と実習に関する内容を扱う。

＊正規の履修は1年次のみだが，2年次の学生も参加している。

2020年度前期の私の本務校での担当科目は**表1**に示す通りであった（長期履修者向けの夜間開講科目，実習および課題研究は除いた）。すべて教職大学院の開講科目である。

これらの科目は，いずれも，前年度から引き続き担当したものである。そのため，前年度末のシラバス提出段階では，内容の一部調整は行うとしても，形態の大きな変更は予定していなかった。

けれども，そうした見通しが，新型コロナウイルス感染症の感染拡大によって，変更を余儀なくされることになった。最終的に授業が開始されたのは5月7日以降であり，前期は全面オンラインでの実施となった。経緯を**表2**に示す。

4月，学生らと直接会う機会がない（入学式やオリエンテーションなどもす

表2　2020年度前期の授業開始までの動き

日付	出来事
3月26日	大学当局から，新年度の授業開始を4月27日に遅らせる方針が示される。
4月7日	東京都に緊急事態宣言が発出される（当初は5月6日まで，その後，5月31日までの延長が予告された後，最終的に5月25日までとなった）。
4月8日	大学当局から，5月6日まですべて休講，学生は入構禁止，教職員は原則在宅勤務の旨が示される。
4月21日	大学当局から，5月7日の授業開始の確定（緊急事態宣言が延長されても遅らせない）と，前期はすべて遠隔授業の形態で行われる旨が示される。
5月7日	授業開始。初回は各科目WebClassにアクセスして始めることとされた。

べて中止になっていた）まま授業の開始が延び，しかもオンラインでの授業実施が濃厚になっていくなかで，私は正直なところ，「困ったことになった」と感じていた。オンライン授業を行った経験がないし，自分がそれを受けてきた経験もない。これまで授業でのオンライン活用といえば，課題提出時にＬＭＳ（学習管理システム，本学の場合はWebClass）を用いていた程度である。むしろ，演劇的手法や学習の身体性について研究してきた者として，授業では，グループワークや空間配置，道具（卓上ホワイトボードなど）の活用など，空間を共有していることの意義を活かすことを行ってきていた。オンラインという制約が課せられることは，私にとって，自分が大事にしてきたことや強みにしてきたことを取り払われた状態での授業実施を強いられることのように感じられた。

授業開始に向けて私が行ったこととして，次の2つがあった。

1つは，仲間を募って，各種オンラインツールをまず自分たちで使ってみる機会をもったことである。オンライン学習に関する情報を集めてさまざまなツールの存在を知ったが，使い勝手が分からない。そこで，同僚の大学教員らや学校で働いている修了生らに声をかけて，互いにZoomの「ホスト」になってさまざまな機能を試してみる，オンラインホワイトボードのMiroで付箋を貼り合って共同編集を試みる，といったことを行った。

もう1つは，他の教員らとの協力体制を整え，共同で授業運営していける体制を築いたことである。4月中旬から5月頭にかけて，同僚の専任教員らと，担当科目ごとに，グループウェアのTeamsで「チーム」を立ち上げて，継続的に情報交換が行えるようにした。そして，受講者総数が多い（約200名）ため5クラスに分割されていた「授業実践研究」に関しては，クラスの枠を取り払い，一体化して運用していけるようにした。つまり，もともと，同じ曜日の2限に3クラス，3限に2クラス開講され，4名の教員によって担当されていた（私のみ2限・3限1クラスずつの計2クラスを担当）ところを，オンデマンド課題については全クラス共通にし，同時双方向のセッションを行う場合には，時限ごとに1つにまとめて（2限は2クラス，3限は3クラス）行っていく方針を決めたのだった。

❸ コロナ禍のもとでいかに大学の授業を行ったか

5月7日から，担当科目に関して順次授業が始まった。それらの形態および特徴を**表3**に示す。

科目の趣旨や授業形態はそれぞれ異なるものの，授業で行ったこととして共通する特徴が3つある。以下，具体例を挙げながら示していく。

（1）新たに生じた条件を活用する

全面オンライン化，しかも，同じ場所に集まることができず，新入生に関しては互いに一度も出会ったことがないなかでの授業実施というのは，大きな制約である。けれども，一方で，この状況になったからこそ可能になったこともある。それを最大限活用するようにした。

例えば，「授業実践研究」における，複数教員登壇型のウェビナーの実施である。先に述べた通り，この科目では，分割されていたクラス（2限に3クラス，3限に2クラス）を一体化して運営することにした。それによって，各時限に同時双方向のセッションを設ける場合，複数名の教員がそこにかかわることができるようになる（元は1クラスにつき教員1名）。この科目は基本的には，文書形式でのオンデマンド課題を毎週アップロードし，受講生が任意の時間にそ

表3　2020年度前期担当科目の授業形態と特徴

科目名	形態	利用ツール	構成や特徴
授業実践研究	オンデマンド ＋ 一部同時双方向	WebClass, Zoom, Google スライド等	5クラスを一体化して運用。文書形式でのオンデマンド課題（「学習活動指示書」と「資料」），任意参加のZoomブレイクアウトセッション，複数教員が登壇するZoomウェビナー。
カリキュラムデザイン・授業研究ⅠⅡ	同時双方向中心	Teams, Zoom, Miro等	最初の3回は全体で，導入的活動。その後,学卒院生（26名）と現職院生（13名）に分かれて，オンデマンド教材の作成やブレンディッドラーニング関連文献の読み合わせなど。最後の3回は混合で，学習内容の成果交流など。
カリキュラムデザイン・授業研究Ⅴ	同時双方向中心	Teams, Zoom, Miro, 担当学生によって SpatialChat 等も	前年度の「リフレクションサイクル実践」の取り組みをベースに，「オンラインでの模擬授業＆検討会の可能性を探究するプロジェクト」を実施。
総合教育実践演習Ⅰ	同時双方向	Teams, Zoom, Miro	資料はTeamsに上げ，課題研究や実習に関する報告・検討・交流などをZoomで実施。話し合いの可視化や読み合わせ文献の図解のためにMiroを活用。

れに取り組むかたちで進めていたが，全13回のうち計5回は，Zoomウェビナーで，複数名の教員が「パネリスト」としてしゃべり，受講生は「視聴者」（自分の音声や映像は出ない）としてそれを視聴するという機会を設けた。

例えば，学生に事前に視聴を指示してあった海外の教育事情（オランダ・フィンランド）の紹介動画をもとに，3名の教員が，それらを自分はどうみたかを語ったり，それぞれの角度から補足を行ったり（例えば私の場合であれば，実際に自分がオランダの学校を訪問したときの画像を見せながら説明を加えるなど）ということを行った。あるいは，1名の教員がメインスピーカーとなって，自分の専門性や経験に引きつけた形で話題を提供し（例えば私の場合であれば，授業検討会改革の考え方と取り組みの実例など），他の教員らが聞き役となって，質問をして話を引き出したり自分の意見を述べてやりとりしたりすることも行った。

こうした取り組みは，私（たち）が想定していた以上に，受講生らから好評だった。彼らのコメントには，「先生同士の議論を聞くというのは，学会やシンポジウムなどの限られた場でしか触れることが出来ないので，とても興味深かった」のように，教員同士のやりとりを目にする意義への指摘や，（必ずしもこのウェビナーの取り組みだけに関するものではないと考えられるが）「ああ，協働ってこういうことなんだ，院の授業で複数の先生によって1つの授業をすることの良さってこういうことなんだと感じた」のように，教員同士が協力し合う様子に触れる意義への指摘がみられた。

(2) 授業者の思考過程をオープンにし，受講者と対話を行う

コロナ禍のもとで急に実施することになったオンライン授業では，その科目における学習の進め方に関して，教員も学生もあらかじめ見通しが持てていたわけではなく，双方にとって慣れないやり方に取り組んでいくことになる。そのため，授業者側が何を考えてそうした進め方にしたのかを，ていねいに述べるようにした（文書形式のオンデマンド課題を用いていた授業では文章で，Zoomなど同時双方向のやりとりで進めていた授業では口頭で）。

例えば，クラスを一体化した運用を行った「授業実践研究」では，初回の「開講にあたって」の文書ファイルにおいて，次のように述べている。

表4　「授業実践研究」の「開講にあたって」より

ご承知の通り，教職大学院のこの春学期の授業は，（少なくとも当面のところは）対面ではなくオンラインで進めることになりました。

そのため，例年のような内容・進め方で授業を行うことはできません。例えば，映像の配信も，私たちが教室に入って撮影してきた動画を使用できない（「イン

ターネット上にアップロードしない」という撮影時の取り決めのため）など，制約を受けることになります。教室空間のセッティングを活用したグループワークなども，そのままの形ではオンラインで行うことができません。

一方，オンライン化によって可能になることもあります。オンラインの強みは，時間や空間の壁を越えやすくなることです。例えば，実際の教室であれば問題になるような，「人数が多すぎて教室に入りきらない」といった事態は原則的に起こりません。

私たち担当教員４名は，こうした強みを活かそうと考えました。具体的には，次の２つの方針を掲げています。（以下略）

より具体的な授業の進め方に関しても，教員側がどう考えたのかを開示し，実際にそれを行ってみて，受講者らの反応をみたり声を聞いたりしながら，調整していった。

例えば，「授業実践研究」の授業は，文書形式のオンデマンド課題を軸にして進めており，同時双方向の学習機会は，教員らが登壇するウェビナーの視聴のみ必須で（録画でも視聴可能），課題をめぐって学生同士，小グループに分かれて交流するZoomセッションについては，任意参加としていた（なお，実際の参加率は，４～5割程度）。任意参加としたのは，当時はまだ学生らが十分な接続環境を得られているか定かではなかったため，また，動画の視聴を伴う授業に集中することによる学生らの健康被害を心配したためであり，それでもこの機会を設けたのは，課題をめぐって他の学生らと直接話し合う時間があることを望む学生もいると考えたためであった。そうした授業者の考えは，率直に受講生らに示した。そして，実際にそれを行って出てきた受講生らからの反応についても，多様なものを取り上げて（例えば，「自分の必要性に合わせて参加できるというのが良い」，「任意だと『別にでなくてもいいかな』と思ってなかなか出れず，後々後悔する」など）紹介した。時には，受講生らの反応やリクエストをもとに，授業の進め方の変更や調整も行った。オンデマンド課題を資料掲載後すぐに行っている学生が9割以上であることをWebClassの学習履歴で見て，任意参加の小グループ交流のタイミングを前倒しにしたり，「他のグループでの話し合いの様子を知りたい」という声に対応して，Googleスライドをグループごとにメモ代わりに用いてもらうことでそれを可能にしたり，といったものである。

このように授業者の考えをオープンにし，受講生らと対話しながら授業の進め方を調整していくのは，もちろん，教職関連の科目に限らず，すべての授業において大事なことであろう。けれども，教職関連の科目においては，特に重要であると私は考えた。なぜなら，それによって，受講者らは，授業を進めるうえでの教師の思考を目の前の具体例を通して知れるのであり，また，試行錯誤のもとに教師が学習者と協力しながら授業を進めていく過程を共有できることにもなるためである[1)]。それ自体が，今後学校で自分が授業を行う立場になる彼らにとって，貴重な学習機会になると私は考えたのだった。

(3) 受講者らの授業における経験を，教育方法について考えるための題材にする

ほとんどの学生らにとって，オンライン授業の受講は初めてであった。そうした学生らが授業で経験することを，オンラインでの学習や教育方法一般について考えるための題材として，授業のなかで活用した。

例えば，「カリキュラムデザイン・授業研究ⅠⅡ」（以下，「カリ授ⅠⅡ」）では，最初の3回を使って，学習管理システムのWebClass，グループウェアのMicrosoft Teams，ビデオ会議のZoom，オンラインホワイトボードのMiroといったツールに慣れることを集中的に行った。初回，「チャレンジリスト」を文書で提示し，そこに示されたミッションを次回までに行ってくることを課した。ミッションは，Teamsに関しては，所定の「チャネル」に入って「『第１回授業開始しりとり』の説明書きを読んで，それに『返信』の形でコメントを付ける」，Miroに関しては，所定の「ボード」にアクセスして「『好きな○○』マップを作成する」といったものである（ミッションの提示に加えて，各ツールの使い方を説明する文章・動画，教員らで作成したサンプルを紹介したり，相談用のコーナーを用意したりもした）。こうして一通りツールに触れて遊ぶ経験をした後で，第2回の授業では，学生らに，「なぜ，真面目な（堅い）題材

ではなく，お楽しみ的要素のある題材でのオンラインツールの活動から，このカリ授の授業を始めていったのか」という投げかけをした。この問いについて，受講生らは6人程度のグループに分かれて，MiroとZoomを活用して話し合いを行った。受講生らからは，「操作することと本題を考えることを同時にすると頭がこんがらがってしまうため」，「一回も直接会えていないので最初から難しいことを勉強するとなるとお互いに言いたいことを言えない。だからまずはお互いを知ることから始める」など，自分の体験に根ざしたアイデアが出された。そして，そこからさらに，学校での教育活動の場合にこれがどうつながるかを考えてもらい，さらに，このように自分たちが体験したことから学びを引き出していくのが「カリ授」のやり方であることを説明した。

大学の授業で学生たちが経験していることそのものを，教育活動のあり方についての学習の題材として用いることは，ごく手軽なものからより大掛かりなものまで，頻繁に行っている。例えば，「授業実践研究」では，オンライン授業を学期途中で振り返った際の「他の人と授業についての雑談みたいなこと（内容について話すというより，『難しくない？』とか『ここわからない！』とか『課題多い！』とか）ができないのもつらい」といったコメントをもとに，「教育活動の計画としてのカリキュラム」と「学習経験の総体としてのカリキュラム」という2つの「カリキュラム」概念の解説とその概念を用いての分析（コロナ禍によってオンライン授業の導入が進められたときに，前者は注目されてオンライン化が図られたのに対して，後者の部分は十分に意識が向けられなかったなど）を行った。

このように授業での受講生らの経験を題材として用いるのは，一つには，教育活動の事例として，目の前にあって受講生同士で共有しているものを使わない手はないと考えるためである。共有しているから感じていることも同じということではない。同じ経験をしていても感じ方には多様性があるため，そうした多様性を知る機会にもなる。また，もう一つには，教育活動を学習者の視点から考える機会にもなる。「学び手の立場に立つことでみえてくるものがある」ということを実感を伴って理解できる機会になるのである。

❹ 教育方法学者が自らの実践性を意識するということ

ここまで挙げてきた，①新たに生じた条件を活用すること，②授業者の思考過程をオープンにし受講生と対話を行うこと，③受講生らの授業における経験を題材にすることは，私にとって必ずしも，コロナ禍になって（オンライン授業になって）初めて行うようになったことではない。コロナ禍以前，対面形式で授業を実施していたときから行っていたことではあった。とはいえ，コロナ禍によって新規の事態が多数生じた状況において，①～③はいずれもその重要性と可能性を増した。

それでは，こうした①～③の姿勢は，教育方法学者による教師教育のあり方，および教育方法学そのもののあり方を考えるうえで，どんな手がかりになるのだろうか。

一言でいうと，それは，教育方法学者が，実践というものと自らが行う活動との関係をどのように捉えるかに関わる。実践に対する教育方法学者のかかわり方は，理念形として，次の3つの立場が考えられる。

1つめは，そもそも実践に目を向けない，教育活動が現実にどのように行われているかに関心を持たない立場である（教育方法学において実際にそれがあり得るかは別として）。戦前の教育科学運動がそれまでの大学アカデミズムにおける教育学の「思弁的」「非経験的」態度を批判したときの表現を借りて（木村2011），「講壇教育学」ならぬ「講壇教育方法学」と呼んでおこう。

2つめは，実践は学校で教師たちによって行われているものと捉え，そこに自分たちが出向いて観察や分析などを行うのだとする立場である。1つめの立場の克服を図るべく，実際の教育現場で生じている事象に目を向けようとして成立した立場である。

3つめは，教師らが学校で行っている活動を実践と捉えるだけでなく，自身が行っている教師教育の活動（大学での授業，学校の教師たちとの授業づくり，学校改革への関与など）にもある種の実践性を見出し，教師らが学校で行っているものとそれとを結びつけて考える立場である。

本稿で挙げた①〜③の姿勢は，この3つめの，教育方法学者が自らの実践性を意識する立場と結び付く。自らの大学での授業をも一つの実践として捉えるからこそ，そこでの受講生らの経験を，教育活動のあり方について考えるための題材とすることができるし（③），大学の授業を進めていく際の授業者の思考をオープンにすることが，授業実践における教師の思考の仕方を学ぶことにもつながるのである（②）。

教育方法学は，これまで，さまざまな矛盾を抱えてきた。さまざまな教育方法学上の知見が大学の授業や研修で教えられているにもかかわらず，必ずしもそれが実際の教育方法の変容につながらないといった矛盾。教職課程向けの教育方法分野のテキストはこれまで多数存在してきたにもかかわらず，学校で教師が授業づくりに行き詰まったときに，それらが手に取られることはめったにないという矛盾。大学での教員養成において，本来ならば教育方法学が扱う「実践」により結びつくはずの実習巡回や日誌の指導といった仕事が，かえって，（特に研究者教員にとっては）周辺的な仕事として捉えられがちだという矛盾。

こうした矛盾を乗り越えようとする際に，教育方法学者が自らの実践性を意識する立場は，重要なものになるだろう。なぜなら，自分が行っていることを一種の実践とみなし，自分が述べていることとそれとが乖離していないかを問う姿勢をもたない者が，教育方法学のこうした矛盾を意識しその克服に寄与していけるとは考えがたいからだ。今回のコロナ禍の場合でいえば，オンラインの導入など教員同士の協働がこれまで以上に必要とされ，今までとは異なる取り組みも可能になったときに，何らかの形での協働の体現（今回行ったクラスの一体化や合同ウェビナーのような）を図ろうとしないようでは，これまで教育方法学の名のもとで教えてきた「教師の同僚性」や「ティーム・ティーチング」はいったい何だったのだ，ということである。そして，教師教育を担う者としてのこうした姿勢そのものが，学生たちに，変化する状況のなかで自ら考え同僚らと連携して実践を生み出す姿勢を養うだろう。

実践を他人事として捉えない見方の必要性はこれまでにも唱えられてきた。

発達心理学の分野において，ヴァスデヴィ・レディは，対象（乳幼児の姿）

を自分とは切り離して傍観者的に眺める「三人称的アプローチ」では捉えられないものがあることを指摘し，対象と応答的な関係を築きそのなかで「感じる」ことを重視する「二人称的アプローチ」を提唱した（レディ，2015）。教育方法学においても，実践を理解したりそれに介入しようとしたりするとき，「三人称的アプローチ」では捉えられないものがあるはずである。そして，教育方法学者が「二人称的アプローチ」をとるとき，必然的に，自身が行う教師教育の活動に関しても，自身が論じる教育実践から切り離しておくことはできなくなる。

これは，教育方法学者による大学での授業や学校での研修を，学校の授業と同一視するということではない。それはむしろ，レディが「一人称的アプローチ」として批判したような，自分にあてはまることがそのまま対象にもあてはまると考えてしまうような誤りを犯すことになる。また，もちろん，高等教育や成人教育と初等中等教育には特性の違いがあるのであり，上のような同一視は，大学の「学校化」を招いたり，学校で活躍した教師にそのまま同じように大学の教職課程でも教えさせればよいといった短絡的な発想を引き起こしたりする恐れもある。

そうではなく，教育方法学者が自らの実践性を意識するというのは，傍観者的立場からすべてを理解できた気になる，自分の身を安全地帯に置いて相手にだけ何かを求めるといったあり方，また，それを許容・温存してきた構造に疑いの目を向ける，鋭い批判性をもった営みである[2)]。

教師教育学の分野では，教えることについて教えたり学んだりすることがもつ複雑さを認めたうえで，教師教育の場面そのものを教育の実践場面の一つとして捉えて，有効活用する方策が発達してきた。例えば，本稿で挙げたような授業者の思考過程をオープンにするということは，「声に出して思考する（thinking aloud）」こととして取り上げられ，そのやり方や意義が示されている（Loughran，2006）。教育方法学は，そうした蓄積を取り込む必要がある。

日本語教育学の細川英雄は，自身が行ってきた研究と切り離さないかたちで，自らが教育や組織づくりの活動に取り組んできた過程を描き，それをもとに，「研究」を，論文執筆といった狭い意味に限定するのではなく，より広がりをもった「研究活動」として捉える見方を打ち出した（細川, 2012）。コロナ禍は，私たちに学校の授業／大学の授業をどう行うかといった技術的問題にとどまらない，教育方法学者としてのあり方の見直しを突きつけた。教育方法学者がどう「研究活動」を行っていくか，どんな教育方法学を構築していくのかが，問われている。

注

1）なお，授業者の思考過程をオープンにするというのは，必ずしも，教育的働きかけとその背後にある思考の模範を示すということに限らない。思うようにいかない場合の葛藤や迷いなども示すのであり，実際，私の場合も，うまく機能しなかったことを説明して，変更したり取りやめたりしたものもある。

2）こうした問い直しは，大学での授業だけでなく，学校の校内研修・校内研究へのかかわりなどにも共通することである。相手集団に求めることを自分（たち）も実践するという「同型性」の原理に依拠した，筆者自身によるかかわりの事例は，渡辺・藤原（2020）を参照のこと。

参考文献

・細川英雄（2012）『研究活動デザイン』東京図書 .
・木村元（2011）「一九三〇年代の教育学の場と課題」駒込武ら編『戦時下学問の統制と動員』東京大学出版会，pp.253-291.
・Loughran, John.（2006）*Developing a Pedagogy of Teacher Education: Understanding Teaching & Learning about Teaching*. Routledge.
・ヴァスデヴィ・レディ著，佐伯胖訳（2015）『驚くべき乳幼児の心の世界　―「二人称的アプローチ」から見えてくること―』ミネルヴァ書房 .
・渡辺貴裕・藤原由香里（2020）『なってみる学び　演劇的手法で変わる授業と学校』時事通信出版局 .

教育方法学の研究動向

1　コロナ下における インクルーシブ教育の実践課題

茨城大学　**新井　英靖**

❶　教室で授業が受けられない子どもに対する特別支援教育の実践動向

新型コロナウイルス感染症（COVID-19）により，日本の学校が一斉休校に追い込まれ，特別支援学校においてもオンライン授業がさまざまに試みられた。しかし，特別支援学校に通う子どもたちは，パソコンを開き，授業を視聴させれば自分で学習ができるという子どもたちばかりではない。保護者や療育施設の職員などの援助が必要なケースも多く，特別支援学校の授業のオンライン化は容易なことではなかった。それでも，障害のある子どもに「朝の会」を配信したり，YouTubeチャンネルを利用して歌やダンスを配信するなど，何とか子どもの学びをつなごうと奮闘した特別支援学校が多かった（滑川，2020など）。

これまでも，病弱教育ではテレビ会議システムを利用して，入院中の子どもの病室と小・中学校の教室をつないで学びを保障しようとする取り組みが行われてきた（小川ほか，2004など）。近年では，外出に制限のある入院児が前籍校[1]の授業を視聴するだけでなく，社会科見学の際に他の児童がタブレット端末を持って参加し，web会議システムを利用して病室から社会科見学に参加できるようにするなど，多様な実践が展開されている（田中ほか，2020など）。

こうした取り組みは，不登校児の支援でも同様にみられる。不登校児にとってeラーニングなど，教室外でも学ぶことができるシステムは，「家に居ながらにして学習が行える」「子どもが理解しているレベルから開始することができ，学び直しが可能である」というメリットが指摘され，広がりをみせている（中條ほか，2020，p.380など）。実際に，不登校傾向のある生徒が登校したときに，遠隔教育システムを活用して，所属クラスの授業を別室で受講できるようにつなぐことで，少しずつ学習に参加できるようになり，最終的には，所属クラスに復帰することができたという報告もある（相澤，2018）。また，適応指導教室に通う児童生徒に対してICTを活用して学習空白を埋めたり，理解できるところから学習させることによって，学習意欲が高まったという報告もある（森崎，2019）。

以上のように，特別支援を必要とする子どもは，もともと通常の教育方法では授業に十分な参加ができないケースが多く，そうした子どもたちに対して，ICTの活用や，遠隔教育を取り入れて，少しでも学びを進められるように実践されてきた。期せずして，コロナ下において教室で多くの子どもが学習できなくなる状況に直面した日本において，特別支援教育におけるオンライン授業やICT活用の方法を示すことは，特別支援の必要な子どもたちを含めた「すべての子ども」の学びを保障する教育（インクルーシブ教育実践）の方法を検討する一助となると考える。

❷ 特別支援教育の特質と ICT 活用の課題

しかし，特別支援教育で行われてきたオンライン授業やICTの活用方法をそのまま通常の学級に持ち込めば，インクルーシブ教育が実現できるというわけではない。なぜなら，特別支援教育の実践は「認知」し，「行動」することに重点がおかれていることが多く，ともするとICTを活用して，正解にたどり着く支援をすることが「良い実践」と考えられてしまう危険性があるからである。

たとえば余戝（2019）は，算数の授業で，ICTを活用しながら教室で買い物学習をする特別支援学校の授業を紹介しているが，ここでは，子どもが学習活動をイメージできるように大型テレビで食材や買い物場面を映写していた。これは，言語理解が難しい知的障害児に対する「視覚的支援」であるといえるが，一方では，単に教具をモニターで見やすく表示しているだけの工夫だともいえる。そのため，買い物学習を通して，数の理解を深めるプロセスを教師が創り出しているとは言い難く，教授学に裏付けられた教師の高い指導技術であるとはとてもいえない。

コロナ下において，教室に通えない状況が長く続くと，子どもの学びを保障するために，オンライン授業の必要性が議論される。しかし，上記のような視覚的支援を中心とした特別支援教育の実践を参考にしてしまうと，学習者の学びの過程を創り出すのではなく，教室で教師が説明しようとしている内容を，画面越しに「見やすく」「わかりやすく」提示することに焦点化されるだけになってしまう。もちろん，特別支援教育においても，前節で紹介したように，校外学習をオンラインでつなぎ，これまで一緒に学んできた友達と，病室から（疑似的にではあるが）一緒に考え，学びを広げたり，深めたりする実践はあるので，ICTの活用が深い学びに貢献する可能性は大いにあると考えられる。これは，ICTの活用が，単なる認知的支援にとどまるのか，子どもの学びを広げ，深めることに貢献しているのかという点の違いであるといえるだろう。

❸ オンライン授業や ICT を活用する授業の効果と限界

筆者は，今までの論文で，特別支援を必要とする子どもの学びを広げ，深めるためには，単なる視覚的支援にとどまらず，「身体」や「感情」をベースにした授業づくりが必要であると指摘してきた（新井，2018；新井，2019など）。それでは，オンライン授業やICTの活用を通して，こうした「深い学び」と結びつく授業はどのようにすれば実践できるのだろうか。以下，いくつかの授業を取り上げて，ICT活用の効果と限界についてみていきたい。

たとえば，国語の時間に「大きなかぶ」の話を読む場面で，教室にいる子どもたちの何人かを前に呼び，教師が段ボールで用意した「大きなかぶ」を引っ張る真似をするシーンをよくみかける。実際に，子どもたちが「その気になって演じる」ということが重要な学習過程であるならば，オンラインの授業では，抜けないかぶを引っ張ることの大変さを実感することは難しいので，身体的に「わかった」という学びをすることは難しいだろう。

また，「引き算」の意味を十分に理解していない子どもが多くいるクラスでは，物が「なくなる（消える）」とか，「数が減っていく」ことを子どもの目の前で実際に見せることが有効な場合がある。ただし，こうした学習は動画教材を作成し，映像を見せたほうが理解しやすい子どももいるので，ICTを活用して授業を展開するほうが，学習内容を理解できる場合もあるだろう。

引き算の学習などでは，一人一人の筆算の手順を細かく確認したい教師もいる。こうしたときに，子どもたちがタブレットに計算の過程を書き込み，その様子をリアルタイムで教師のタブレットに映し出せば，「つまずき」のある子どもを早い段階で見つけ出すことができるかもしれない。そうすると，従来の机間指導よりも早く，個別的な指導ができる可能性も生まれる。

このように考えると，対面授業が良いのか，オンライン授業が良いのかということは一概にはいえない。むしろ，こうした二者択一的な方法論を議論するのではなく，学習に十分に参加できない特別支援が必要な子どもに対して，ICTをどのように活用すれば，彼らの学びが広がり，深まるのかという点を検討することが必要なのだと考える[2)]。

❹ ディープラーニングにつながる実践展開の必要性

前章で述べた内容は，授業を通して子どもの世界や認識がどのように広がり，深まるのかという点（ディープラーニング）を，「情報」との関係から再検討する必要があるということでもある。もともと，特別支援が必要な子どもは，教室にいて授業に参加していたとしても，そこで発信されている情報を取り込むことに困難のある子どもが多いので，この点について深く検討することは意義のあることだと考える。

そもそも私たちは，外部の情報をどのように取り込み，自己の認識を広げたり，深めたりしているのであろうか。この点に関して，郡司（2018）は，「現に直面している今の知覚は，〔中略〕実際には断片をかき集め，他者の力を借りて貼り合わせをし，『いまここ』において貼りあわされた記憶の全体を想起し」ていると述べている（pp.136-139）。ただし，内海（2015）は，自閉症者の世界では，「自己と他者が明確に区分けされていない」ので，「互いにあいうつような反応がない」ために（p.99），自閉症者は他者の視点を取り込むことができず，まとまりをつかむことが難しいと考えている（内海，2015，p.63）。

こうした郡司や内海の指摘を参考にすると，「いまここ」の教室という場において，教師が子どもたちに提示している教材（あるいは学習内容）を理解できない特別支援の必要な子どもは，その教材から得られる情報を断片的にしか取り込むことができず，「意味」を全体的に理解できないでいると捉えられる。そのため，こうした子どもの学びを深めるためには，「いまここ」の断片的な情報をいかに見やすく，わかりやすく伝えるかではなく，断片的に入力される「情報」をどのようにしてまとまりのある全体的な理解へと発展させるかということが重要になる。

この点に関して，これまで特別支援学校の授業では，さまざまな工夫をして子どもの学びを深めてきた。たとえば，ある特別支援学校では，自閉症児が多く在籍するクラスで，国語で読んだ物語の世界を体感できるように，教室を暗くして，物語に登場する「海の世界」をプロジェクションマッピングのように映し出した（**図1**）。この授業に参加していた自閉症児は，こうした演出に興

図１　物語の場面を映写し，演じる国語の授業

味を示し，壁に映し出された魚と一体化するように教室の中で生き生きと泳いでいた。その後，再度，教師が絵本を読み聞かせたときには，物語の内容を理解できるようになったのか，子どもたちは離席することなく，絵本を注視し，学習に集中して取り組んでいる様子がみられた。

また，別の学校では，数学の授業で「右・左」の概念を学習するために，家の模型を作り，小型カメラでその中を映し出し，目的の部屋まで移動するという活動が行われていた。この授業では小型カメラの映像をテレビに映し出していたので，子どもは基本的にテレビ画面を見ながら模型の家を探検していたが，その中で「行き止まり」にぶつかったときには，模型を上から眺め，「次は右だ！」などと声を出して，移動する方向を指示していた。

一見すると，この授業では，はじめから模型を上から眺めて「右・左」を指示できるようになれば授業の目的は達成できるようにもみえる。しかし，小型カメラの映像をテレビ画面に映し出し，家の中を探検するように見せることで，子どもはまるで本当に家の中に入り込んだような気持ちになっていた。このように，「その気になって」授業に参加していたからこそ，自閉的傾向のある子どもが想像力を最大限に働かせ，移動する方向（右・左）を思考し，表現しようとしたのだと考えられる。

以上の事例から，ICTを有効に活用することによって，外部の世界を認識することが苦手な自閉症児でも，現実空間（有限の認知）を切り拓き，無限の世界（想像力）と結び付くことが可能になるときがあることが明らかとなった[3)]。これは，自閉症児にとって，ICTが単なる「視覚的支援」のツールなのではなく，教材世界を取り込み，自他未分化である「わたしの世界」に亀裂を生じさせ，新しい認識へと発展させるきっかけとなるものだということを意味していると考えられる。

❺ 情報技術が重症心身障害児の「自己」を広げる契機となる

コロナ下において教育実践を展開するにあたり，特別支援教育の分野でもっとも影響（制約）を受けたのは，おそらく重症心身障害児であると思われる。それは，重症心身障害児は，慣れた人が継続した関わりを身体的・感覚的に続けることで，ようやく外部世界を認識できるようになるのが実態であるので，直接かかわることが難しいコロナ下では教育を提供することが難しいと考えられていたからである。しかし，こうした子どもたちにもオンライン授業は展開された。実践する段階ではさまざまな困難に直面したが，重症心身障害児が「自己」を広げる契機となった事例を筆者はいくつか見聞きすることができた。

たとえば，ある重症心身障害児[4]は，認知発達の実態から考えると，画面越しに登場する先生が，「いつも関わってくれている人」だということをすぐに理解することは難しかった。それでも，緊急事態宣言が発出されている期間には，自宅を訪問して直接かかわることは難しく，オンラインによる指導を余儀なくされた。といっても，当該児童は，身体障害も重度であるために，自らタブレットのほうを向いて，映像を注視することも難しかった。さらに，視覚についても，モノクロにぼんやりと見えている程度の実態であった。

こうした重症心身障害児に対して行われたオンライン授業では，普段，よく聞いている音楽を聞かせることを主として進められた。その上で，できる限り馴染みのある言葉かけをするよう心がけ，いつものパターンで「どっちの曲が良い？」などと尋ねて，好きな音楽を選ばせ，応答的にコミュニケーションをはかりながら授業が展開された。

このとき，タブレットの操作は，保護者や支援者（療育施設の職員など）に依頼せざるを得なかったので，特別支援学校の教師はオンライン授業を配信する前に，保護者や支援者と実施方法を綿密に打ち合わせした。こうした試行的（あるいは挑戦的）な取り組みのなかで，最初は，何が始まったのか理解できなかった重症心身障害児が，継続してオンライン授業を受けているうちに，学校でみせていた時と同じような表情をみせるようになった。

もちろん，重症心身障害児がこの音楽を「学校で聴いていたのと同じだ」と認識したのかどうかはわからないが，タブレットの先にいる教師の声かけに応答するようになったことは確かなことである。このように，たとえオンラインであっても，重症心身障害児が他者からの働きかけを少しずつ受け止めることができるようになっていく姿をみて，授業を担当した教師も，子どもの側でタブレットを操作していた保護者や支援者も，意図的に，そして継続して子どもの認識に働きかけていく「授業」の大切さを改めて実感した。

この事実だけで，重症心身障害児のオンライン授業の意義や可能性を論じることはできないが，こうした取り組みから，子どもの学びの成立過程を筆者は再認識させられた。

すなわち，重症心身障害児がタブレットから配信される音楽に少しずつ意識を向けるようになったのは，単に「知っている曲」が流れていたからではないだろう。すなわち，外部情報の機械的な入力が重症心身障害児の認識を変化させたのではなく，これまで楽しく学んできた「親しみのある曲」が流れたときに，これまで楽しく関わってくれた人と同じような声かけをする人がいて，これまでにも行ってきた「好きな曲を選択する場面」が設定されるなど，応答的コミュニケーションを増幅する質の高い実践がオンラインで展開されたから，タブレットから発信される「曲」や，そこに映っている「人」を重症心身障害児が徐々に取り込んでいったのだと考える。

これまで重症心身障害児の教育実践で，タブレットを用いてオンラインで指導するということは，筆者も含めてほとんど考えてこなかった。それは，重症心身障害児は，情報を取り込むことに極度に制約のある子どもなので，遠隔で距離のあるコミュニケーションをするよりも，身体的にふれ合い，情動的にやりとりをしたほうが，学習効果が高いと信じて疑わなかったからである。

しかし，コロナ下において「直接的な関わり」に制約があるなかで，タブレットを介して関わりを続けたところ，オンラインを通した働きかけが，重症心身障害児の「自己」を広げる契機になることがあるということを，私たちは思い知らされた。もちろん，これによって，「すべての子どもにオンライン授業が可能である」などといった陳腐な結論を述べるつもりはないが，情報技術を駆使することによって，これまでの常識を覆す子どもの認識発達を目の当たりにすることがあるということは確かなことである。

❻ コロナ下における特別支援学校の授業実践が示唆すること —インクルーシブな教育実践を創出するために—

最後に，以上のような特別支援学校の実践が，すべての子どもの学び（インクルーシブ教育実践）にどのように接続できるのかを考えていきたい。

筆者は，特別支援教育のこれまでの取り組みがすべてインクルーシブな学びになるわけではないという立場で本稿を執筆してきた。具体的には，認知・行動レベルで，視覚的に，わかりやすく示すだけの実践では，通常の教育に同化するための配慮や支援を提供しているにすぎないと考えている。そうではなく，ICTの効果的な活用によって，一見すると難しいと思われていた自閉症児や重症心身障害児が，「現実」（目の前で展開されている活動）から離れたところにある「情報」を取り込み，想像力を広げる可能性があるということを指摘してきた。

本稿から考えられることは，自閉症児や重症心身障害児が外部の情報を取り込み，想像力を広げ，深めていくためには，「過去（体験や記憶）」と「外部の世界（教材や学習活動）」を融合させる学びを展開することが重要なのではないかということである。すなわち，授業のなかで子どもが潜在的にもっている諸感覚と結びつく価値のある「情報」と出会い，それまでの自己の認識を揺さぶられるような学習活動に参加することで，自閉症や重症心身障害といった重度障害のある子どもでも，認識を広げ，深めていくことができると考えられる[5)]。

以上の点をふまえると，障害児の学びにとってICTは，決して「認知」情報をわかりやすく提供するツールなのではなく，無限の想像力と結びつく「情報」との出会いを演出する技術の一つであると考えるべきであろう。そして，こうした学びのプロセスはいわゆる障害児にのみ適用されるものではなく，すべての子どもに共通することであると筆者は考えている。

コロナ下において，教室という現実の場で学習を進めることが難しい状況に直面したからこそ，私たちは「学ぶ」ということの原点や学びが深まるプロセスをあらためて考える機会を得た。ポスト・コロナ時代には，さらにICTを活用した教育実践の展開が求められるだろうが，こうした時代においてどのような授業を展開する必要があるかを考える際に，本稿で取り上げた特別支援を必要とする子どもの学びが深まるプロセスをふまえた授業づくりが重要であると考える。そして，こうした視点からこれまでの教育方法を見つめなおし，授業づくりを再構築していくことが，特別支援を必要とする子どもを含めたすべての子どもの学び，すなわちインクルーシブ教育実践の発展に不可欠な課題であると考えられる。

注

1) 入院中の子どもが病弱特別支援学校で教育を受ける場合は，いったん在籍を特別支援学校に移す必要がある。そのため，病弱教育において「前籍校」といった場合には，「入院する前に通っていた学校」という意味であり，その子の居住地域の学校を指す。
2) もちろん，特別支援の必要な子どもたちに対する「合理的配慮」は提供されなければならない。たとえば，視覚障害児に教科書を読み上げるソフトを使うなど，障害によって生じる学習上の困難を補うための「合理的配慮」を学校教育が十分に提供できるようにすることは，インクルーシブ教育を展開する上で重要である。
3) この点については，佐々木（2011）および東（2013）を参考にした。
4) プライバシー保護のため，本稿では，筆者が見聞きした何人かの重症心身障害児に対するオンライン授業の実践を組み合わせ，架空のケースとして紹介している。
5) この点に関して，ベルクソンは，イメージ＝想起が「静的状態にある」ととらえるのではなく，「知覚がイメージ＝想起になってゆく力動的な進展」を考慮することが必要であると述べている（ベルクソン，1896=2011，174）。つまり，「外部からの感覚がイメージを引き起こす」といった単純なとらえ方ではなく，経験や記憶に支えられている「潜在的諸感覚」が「身体を活性化」させ，過去が現働化して，イメージ＝想起へとつながると指摘している（ベルクソン，1896=2011，178-179）。本稿で参照した郡司らも，こうしたベルクソン哲学を基礎にして論じている。

参考文献

・相澤崇・小林祐一（2017）「中学校不登校生徒に対する遠隔教育システムを利用したリメディアル教育に関する基礎的研究」『岐阜聖徳学園大学教育実践科学研究センター』第 17 巻，pp.243-250.

- 東浩紀（2013）『セカイからもっと近くに　現実から切り離された文学の諸問題』東京創元社.
- 新井英靖（2018）「中学校におけるインクルーシブ授業と教科学習の意義―情緒不安定な中学生に対する教科学習の指導から―」湯浅恭正・新井英靖編著『インクルーシブ授業の国際比較研究』福村出版，pp.145-156.
- 新井英靖（2019）「カリキュラムづくりと教授･学習」障害児の教授学研究会編『アクティブ・ラーニング時代の実践をひらく「障害児の教授学」』福村出版，pp.45-57.
- 内海健（2015）『自閉症スペクトラムの精神病理　星をつぐ人たちのために』医学書院.
- 小川幸宜・末松尚子・西村匡司（2004）「情報機器を活用した入院中の子どもたちへの実践と今後の病弱教育における特別支援教育のあり方についての一考察」日本教育情報学会第 20 回年会報告，pp.216-219.
- 郡司ペギオ幸夫（2018）『生命，微動だにせず　人工知能を凌駕する声明』青土社.
- 佐々木敦（2011）『未知との遭遇　無限のセカイと有限のワタシ』筑摩書房.
- 田中亮・奥住秀之・大井雄平（2020）「病弱教育における学習指導・心理的支援を視野に入れた遠隔教育の実践―病気の子どもの生理型・病理分類による報告―」『教育研究実践報告誌』第 4 巻第 1 号，pp.27-34.
- 中條桂子・南野奈津子（2020）「不登校児童生徒の学習支援における e ラーニングの活用に関する考察」『ライフデザイン学研究』第 15 巻，pp.371-386.
- 滑川真衣（2020）「学びを止めない！ With コロナ×教育～ ICT を活用した特別支援学校での実践～」『リハビリテーション・エンジニアリング』Vol.35，No.4，pp.173-176.
- ベルクソン，竹内信夫訳（1896＝2011）『物質と記憶―身体と精神の関係についての試論』白水社.
- 森崎晃（2019）「ICT 教材を活用した不登校児童生徒の学習支援の検証結果―学びに向かう姿勢と学習行動について―」.『コンピューター＆エデュケーション』Vol.46，pp.88-91.
- 余戝奈美（2019）「『主体的・対話的で深い学び』の視点を取り入れた数の概念の理解を促す学習～買い物に行こう！　○○は何個？　合わせていくつ？～」. 全国特別支援学校知的障害教育校長会編『知的障害特別支援学校における深い学びへのアプローチ「主体的･対話的で深い学び」の視点からの授業実践』東洋館出版社，pp.34-37.

日本教育方法学会会則

第1章　総　則

第１条　本会は日本教育方法学会という。

第２条　本会は教育方法（教育内容を含む）全般にわたる研究の発達と普及をはかり，相互の連絡と協力を促進することを目的とする。

第３条　本会に事務局をおく。事務局は理事会の承認を得て，代表理事が定める。

第2章　事　業

第４条　本会は第２条の目的を達成するために，下記の事業を行う。

1．研究集会の開催
2．機関誌および会報の発行
3．研究成果，研究資料，文献目録，その他の刊行
4．他の研究団体との連絡提携
5．その他本会の目的を達成するために必要な事業

第3章　会　員

第５条　本会の会員は本会の目的に賛同し，教育方法（教育内容を含む）の研究に関心をもつものによって組織する。

第６条　会員は研究集会に参加し，機関誌その他の刊行物においてその研究を発表することができる。

第７条　本会の会員となるには，会員の推せんにより入会金2,000円を添えて申し込むものとする。会員は退会届を提出して退会することができる。

第８条　会員は会費年額8,000円（学生会員は6,000円）を納入しなければならない。過去３年間にわたって（当該年度を含む）会費の納入を怠ったばあいは，会員としての資格を失う。

第4章　組織および運営

第９条　本会には以下の役員をおく。

代表理事　１　名
理　　事　若干名（うち常任理事　若干名）
事務局長　１　名
事務局幹事　若干名
監　　査　２　名

第10条　代表理事の選出は理事の互選による。理事は会員のうちから選出し，理事会を構成する。常任理事は理事の互選により決定し，常任理事会を組織する。事務局長は理事会の承認を得て代表理事が委嘱する。事務局幹事は代表理事の承認を得て事務局長が委嘱する。監査は総会において選出する。

第11条　代表理事は本会を代表し，諸会議を招集する。代表理事に事故あるときは，常任理事のうちの１名がこれに代わる。理事会は本会運営上の重要事項について審議し，常任理事会は会の運営，会務の処理にあたる。事務局は事務局長および事務局幹事で構成する。事務局は庶務および会計事務を分掌し，代表理事がこれを統括する。監査は本会の会計を監査する。

第12条　各役員の任期は３年とする。ただし再任を妨げない。

第13条　総会は本会の事業および運営に関する重要事項を審議し，決定する最高の決議機関である。総会は毎年１回これを開く。

第14条　本会に顧問をおくことができる。顧問は総会において推挙する。

第15条　本会は理事会の議を経て各大学・学校・研究機関・地域などを単位として支部をおくことができる。支部は世話人１名をおき，本会との連絡，支部の会務処理にあたる。

第5章　　　会　計

第16条　本会の経費は会費・入会金・寄付金その他の収入をもってこれにあてる。

第17条　本会の会計年度は毎年４月１日に始まり，翌年３月31日に終わる。

付　則

1．本会の会則の改正は総会の決議による。
2．本会則は昭和39年８月20日より有効である。
3．昭和40年８月23日一部改正（第３条・第８条）
4．昭和48年４月１日一部改正（第８条）
5．昭和50年４月１日一部改正（第８条）
6．昭和51年４月１日一部改正（第７条・第８条）
7．昭和54年４月１日一部改正（第12条）
8．昭和59年10月６日一部改正（第３条・第10条）
9．昭和60年10月11日一部改正（第８条）
10. 昭和63年９月30日一部改正（第８条）
11. 1991年10月６日一部改正（第７条）
12. 1994年10月23日一部改正（第８条）
13. 1998年10月３日一部改正（第８条）
14. 2004年10月９日一部改正（第９条・第10条・第11条）

日本教育方法学会　理事名簿（2021年8月現在）

1. 理事

秋田喜代美　学習院大学
○阿部昇　秋田大学
○池野範男　日本体育大学
石井英真　京都大学
○梅原利夫　和光大学名誉教授
遠藤貴広　福井大学
○大野栄三　北海道大学
小柳和喜雄　関西大学
折出健二　人間環境大学
鹿毛雅治　慶應義塾大学
○川地亜弥子　神戸大学
木原俊行　大阪教育大学
金馬国晴　横浜国立大学
○草原和博　広島大学
◎子安潤　中部大学
佐久間亜紀　慶應義塾大学
佐藤学　学習院大学
澤田稔　上智大学
柴田好章　名古屋大学
庄井良信　藤女子大学
白石陽一　熊本大学
高橋英児　山梨大学
竹内元　宮崎大学
田代高章　岩手大学
田中耕治　佛教大学
○田上哲　九州大学
田端健人　宮城教育大学
鶴田清司　都留文科大学
豊田ひさき　朝日大学
○中野和光　美作大学
○西岡加名恵　京都大学
○西岡けいこ　香川大学名誉教授
樋口直宏　筑波大学
久田敏彦　大阪青山大学
○深澤広明　安田女子大学
福田敦志　大阪教育大学
○藤江康彦　東京大学
松下佳代　京都大学
○的場正美　東海学園大学
三石初雄　東京学芸大学名誉教授
三橋謙一郎　徳島文理大学
三村和則　沖縄国際大学
山﨑準二　学習院大学
○湯浅恭正　広島都市学園大学
○吉田成章　広島大学

【総計45名：五十音順】

【○印は常任理事，◎印は代表理事】

2. 監査

浅井幸子　東京大学
中坪史典　広島大学

日本教育方法学会入会のご案内

日本教育方法学会への入会は，随時受け付けております。返信用120円切手を同封のうえ，入会希望の旨を事務局までお知らせください。

詳しいお問い合わせについては，学会事務局までご連絡ください。

【日本教育方法学会事務局】
〒739-8524　東広島市鏡山1-1-1
広島大学大学院人間社会科学研究科 教育方法学研究室気付
Tel / Fax：082-424-6744
E-mail：hohojimu@riise.hiroshima-u.ac.jp

なお，新たに入会される方は，次の金額を必要とします。ご参照ください。

	一般会員	学生・院生
入会金	2,000円	2,000円
当該年度学会費	8,000円	6,000円
計	10,000円	8,000円

執筆者紹介（執筆順）

子安　潤	中部大学
上森　さくら	金沢大学
野中　陽一	横浜国立大学
梅原　利夫	和光大学名誉教授
浅井　幸子	東京大学
福田　敦志	大阪教育大学
柴田　好章	名古屋大学
大野　栄三	北海道大学
草原　和博	広島大学
亘理　陽一	中京大学
渡辺　貴裕	東京学芸大学
新井　英靖	茨城大学

教育方法50　**パンデミック禍の学びと教育実践**

2021年10月 1日　初版第 1 刷発行 ［検印省略］

編　者　©日本教育方法学会
発行人　福　富　泉
発行所　株式会社　**図書文化社**
〒112-0012　東京都文京区大塚1–4–15
TEL.03-3943-2511　FAX.03-3943-2519
http://www.toshobunka.co.jp/
組　版　株式会社　エスアンドピー
印刷製本　株式会社　厚徳社
装幀者　玉田　素子

ISBN978-4-8100-1756-4　　C3337

170901_02_a5